No-cosas

Byung-Chul Han

No-cosas

Quiebras del mundo de hoy

Traducción de Joaquín Chamorro Mielke

taurus

Papel certificado por el Forest Stewardship Council®

Título original: *Undinge. Umbrüche der Lebenswelt*

Primera edición: octubre de 2021
Sexta reimpresión: noviembre de 2024

Printed in Spain – Impreso en España

ISBN: 978-84-306-2434-8
Depósito legal: B-12.848-2021

Compuesto en Arca Edinet, S. L.
Impreso en Huertas Industrias Gráficas, S. A.
Fuenlabrada (Madrid)

TA 2 4 3 4 C

ÍNDICE

PRÓLOGO

En su novela *La policía de la memoria*, la escritora japonesa Yoko Ogawa habla de una isla sin nombre. Unos extraños sucesos intranquilizan a los habitantes de la isla. Inexplicablemente, desaparecen cosas luego irrecuperables. Cosas aromáticas, rutilantes, resplandecientes, maravillosas: lazos para el cabello, sombreros, perfumes, cascabeles, esmeraldas, sellos y hasta rosas y pájaros. Los habitantes ya no saben para qué servían todas estas cosas.

Yoko Ogawa describe en su novela un régimen totalitario que destierra cosas y recuerdos de la sociedad con la ayuda de una policía de la memoria similar a la policía del pensamiento de Orwell. Los isleños viven en un invierno perpetuo de olvidos y pérdidas. Los que guardan recuerdos en secreto son arrestados. Incluso la madre de la protagonista, que evita que desaparezcan las cosas amenazadas en una cómoda secreta, es perseguida y asesinada por la policía de la memoria.

La policía de la memoria puede leerse en analogía con nuestra actualidad. También hoy desaparecen continuamente las cosas sin que nos demos cuenta.

La inflación de cosas nos engaña haciéndonos creer lo contrario. A diferencia de la distopía de Yoko Ogawa, no vivimos en un régimen totalitario con una policía del pensamiento que despoja brutalmente a la gente de sus cosas y sus recuerdos. Es más bien nuestro frenesí de comunicación e información lo que hace que las cosas desaparezcan. La información, es decir, las no-cosas, se coloca delante de las cosas y las hace palidecer. No vivimos en un reino de violencia, sino en un reino de información que se hace pasar por libertad.

En la distopía de Ogawa, el mundo se vacía sin cesar. Al final desaparece. Todo va desapareciendo en una disolución progresiva. Incluso desaparecen partes del cuerpo. Al final, solo voces sin cuerpo flotan sin rumbo en el aire. La isla sin nombre de las cosas y los recuerdos perdidos se parece a nuestro presente en algunos aspectos. Hoy, el mundo se vacía de cosas y se llena de una información tan inquietante como esas voces sin cuerpo. La digitalización desmaterializa y descorporeiza el mundo. También suprime los recuerdos. En lugar de guardar recuerdos, almacenamos inmensas cantidades de datos. Los medios digitales sustituyen así a la policía de la memoria, cuyo trabajo hacen de forma no violenta y sin mucho esfuerzo.

A diferencia de la distopía de Ogawa, nuestra sociedad de la información no es tan monótona. La información falsea los acontecimientos. Se nutre del estímulo de la sorpresa. Pero el estímulo no dura mucho.

Rápidamente se crea la necesidad de nuevos estímulos. Nos acostumbramos a percibir la realidad como fuente de estímulos, de sorpresas. Como cazadores de información, nos volvemos ciegos para las cosas silenciosas, discretas, incluidas las habituales, las menudas o las comunes, que no nos estimulan, pero nos anclan en el ser.

DE LA COSA A LA NO-COSA

El orden terreno, el orden de la tierra, se compone de cosas que adquieren una forma duradera y crean un entorno estable donde habitar. Son esas «cosas del mundo», en el sentido de Hannah Arendt, a las que corresponde la misión de «estabilizar la vida humana».[1] Ellas le dan un sostén. El orden terreno está siendo hoy sustituido por el orden digital. Este *desnaturaliza las cosas* del mundo *informatizándolas*. Hace décadas, el teórico de los medios de comunicación Vilém Flusser ya observó que «las no-cosas penetran actualmente por todos los lados en nuestro entorno, y desplazan a las cosas. A estas se las llama informaciones».[2] Hoy nos encontramos en la transición de la era de las cosas a la era de las no-cosas. Es la información, no las cosas, la que determina el mundo en que vivimos. Ya no habitamos la tierra y el cielo, sino Google Earth y la nube. El mundo se torna cada vez más intangible, nublado y espectral. Nada es *sólido y tangible*.

Las cosas estabilizan la vida humana, «y su objetividad radica en el hecho de que [...] los hombres, a pesar de su siempre cambiante naturaleza, pueden recuperar su unicidad, es decir, su identidad, al relacionarla con la misma silla y con la misma mesa».[3] Las cosas son polos de reposo de la vida. En la actualidad, están completamente recubiertas de información. Los impulsos de información son todo menos polos de reposo de la vida. No es posible detenerse en la información. Tiene un intervalo de actualidad muy reducido. Vive del estímulo que es la sorpresa. Ya por su fugacidad, desestabiliza la vida. Reclama hoy permanentemente nuestra atención. El tsunami de información arrastra al propio sistema cognitivo en su agitación. Las informaciones no son unidades estables. Carecen de la firmeza del ser. Niklas Luhmann caracteriza así la información: «Su cosmología no es una cosmología del ser, sino de la contingencia».[4]

Las cosas retroceden cada vez más a un segundo plano de atención.[5] La actual hiperinflación de las cosas, que lleva a su multiplicación explosiva, delata precisamente la creciente indiferencia hacia las cosas. Nuestra obsesión no son ya las cosas, sino la información y los datos. Ahora producimos y consumimos más información que cosas. Nos intoxicamos literalmente con la comunicación. Las energías libidinales se apartan de las cosas y ocupan las no-cosas. La consecuencia es la *infomanía*. Ya nos hemos vuelto todos *infómanos*. El fetichismo de las cosas se ha acabado. Nos volvemos fetichistas de la información y los datos. Hasta se habla ya de «datasexuales».

La Revolución Industrial reforzó y expandió la esfera de las cosas. Solo nos alejaba de la naturaleza y la artesanía. La digitalización acaba con el paradigma de las cosas. Supedita estas a la información. El hardware es soporte de software. Es secundario a la información. Su miniaturización lo hace contraerse cada vez más. La internet de las cosas lo convierte en terminal de información. Las impresoras 3D invalidan el *ser* de las cosas. Las degradan a derivados materiales de la información.

¿En qué se convierten las cosas cuando prevalece la información? La informatización del mundo convierte las cosas en *infómatas*, es decir, en *actores* que procesan información. El automóvil del futuro dejará de ser una cosa a la que puedan asociarse fantasmas de poder y posesión para ser una «red *informativa*» móvil, es decir, un *infómata* que se comunica con nosotros: «[El coche] os habla, os informa "espontáneamente" sobre su estado general, y sobre el vuestro (negándose eventualmente a funcionar, si no funcionáis bien), el coche consultante y deliberante, pareja en una negociación general del modo de vida [...]».[6]

El análisis heideggeriano del *Dasein* en *Ser y tiempo* requiere una revisión que tenga en cuenta la informatización del mundo. El «ser-en-el-mundo» de Heidegger consiste en «manejar» cosas que están «vor*handen*» o «zu*handen*», que están para usarlas con las manos. La mano es una figura central del análisis heideggeriano del *Dasein*. El *Dasein* (el término ontológico para el hombre) accede al mundo circundante por medio de las manos. Su mundo es una esfera de cosas. Pero hoy se habla de una infoesfera. Hoy estamos en una infoesfera. No *manejamos* las cosas que, pasivas, tenemos delante, sino que nos *comunicamos* e *interactuamos* con infómatas, los cuales actúan y reaccionan como actores. El ser humano ya no es un *Dasein*, sino un *inforg*[7] que se comunica e intercambia información.

En la *smarthome*, unos infómatas se *preocupan* por nosotros, nos cuidan. Hacen por nosotros toda clase de operaciones. Quien los usan no tiene que *preocuparse*. El *telos* del orden digital es la superación de los cuidados, que Heidegger describe como un rasgo esencial de la existencia humana. La *existencia es cuidarse*. La inteligencia artificial se halla ahora en proceso de *librar* de cuidados a la existencia humana, optimizando la vida y velando el futuro como fuente de preocupación, es decir, sobreponiéndose a la *contingencia del futuro*. El futuro calculable como presente optimizado no nos causa ninguna preocupación.

Las categorías del análisis heideggeriano del *Dasein*, como «historia», «estar arrojado» o «facticidad», pertenecen todas al orden terreno. Las informaciones son aditivas, no narrativas. Pueden contarse, pero no narrarse. Como unidades discontinuas de breve actualidad, no se combinan para constituir una historia. Nuestro espacio de memoria también se asemeja cada vez más a una memoria informática llena hasta arriba de masas de información de todo tipo. La adición y la acumulación desbancan a las narraciones. Los largos espacios de tiempo que ocupa la continuidad narrativa distinguen a la historia y la memoria.

Solo las narraciones crean significado y contexto. El orden digital, es decir, numérico, carece de historia y de memoria, y, en consecuencia, fragmenta la vida.

El ser humano como proyecto optimizador de sí mismo que constantemente se renueva se alza por encima de su condición de ser «arrojado». La idea heideggeriana de «facticidad» consiste en que la existencia humana se basa en la indisponibilidad. El «ser» de Heidegger es otro nombre para la indisponibilidad. El hallarse «arrojado» y la «facticidad» pertenecen al orden terreno. El orden digital *desfactifica* la existencia humana. No acepta ninguna indisponibilidad fundamental del ser. Su divisa es: *el ser es información*. El ser está, pues, completamente a nuestra disposición y es controlable. La *cosa* de Heidegger, en cambio, encarna la *condicionalidad*, la *facticidad de la existencia humana*. La *cosa* es la *cifra del orden terreno*.

La infoesfera tiene cabeza de Jano. Nos ayuda a tener más libertad, pero al mismo tiempo nos somete a una vigilancia y un control crecientes. Google presenta la futura *smarthome* en red como una «orquesta electrónica». Su usuario es un «director de orquesta».[8] Pero los autores de esta utopía digital describen en realidad una *prisión inteligente*. En la *smarthome* no somos directores autónomos. Más bien somos *dirigidos* por diferentes actores, incluso por metrónomos invisibles. Somos objetos de una visión panóptica. La cama inteligente con varios sensores lleva a cabo una monitorización continua aun durante el sueño. La monitorización se introduce cada vez más en la vida cotidiana en forma de *convenience*. Los infómatas, que nos ahorran mucho trabajo, resultan ser eficientes *informantes*, que nos vigilan y controlan. De ese modo permanecemos confinados en la infoesfera.

En el mundo controlado por los algoritmos, el ser humano va perdiendo su capacidad de obrar por sí mismo, su autonomía. Se ve frente a un mundo que no es el suyo, que escapa a su comprensión. Se adapta a decisiones algorítmicas que no puede comprender. Los algoritmos son cajas negras. El mundo se pierde en las capas profundas de las redes neuronales, a las que el ser humano no tiene acceso.

La información por sí sola no ilumina el mundo. Incluso puede oscurecerlo. A partir de cierto punto, la información no es informativa, sino deformativa. Hace tiempo que este punto crítico se ha sobrepasado. El rápido aumento de la entropía informativa, es decir, del caos informativo, nos sumerge en una sociedad posfáctica. Se ha nivelado la distinción entre lo verdadero y lo falso. La información circula ahora, sin referencia alguna a la realidad, en un espacio hiperreal. Las *fake news* son informaciones que pueden ser más efectivas que los hechos. Lo que cuenta es el *efecto a corto plazo*. La eficacia sustituye a la verdad.

Hannah Arendt, como Heidegger, se ceñía al orden terreno. A menudo invocaba la permanencia y la duración. No solo las cosas del mundo, sino también la verdad, estabilizan la vida humana. En contraste con la información, la verdad posee la *firmeza del ser*. La duración y la constancia la distinguen. *La verdad es facticidad*. Opone resistencia a toda modificación y manipulación. Constituye así el cimiento de la existencia humana: «En términos conceptuales, podemos llamar verdad a lo que no logramos cambiar; en términos metafóricos, es el espacio en el que estamos y el cielo que se extiende sobre nuestras cabezas».[9]

Significativamente Arendt sitúa la verdad entre el suelo y el cielo. La verdad pertenece al orden terreno. Da a la vida humana un *sostén*. El orden digital pone fin a la *era de la verdad* y da paso a la *sociedad de la información posfactual*. El régimen posfactual de la información se erige por encima de la verdad de los hechos. La información con su impronta posfactual es *volátil*. Donde no hay nada *firme* se pierde todo *sostén*.

Hoy las prácticas que requieren un tiempo considerable están en trance de desaparecer. También la verdad requiere mucho tiempo. Donde una información ahuyenta a otra, no tenemos *tiempo para la verdad*. En nuestra cultura posfactual de la excitación, los afectos y las emociones dominan la comunicación. En contraste con la racionalidad, son muy variables en el tiempo. Desestabilizan la vida. La confianza, las promesas y la responsabilidad también son prácticas que requieren tiempo. Se extienden desde el presente al futuro. Todo lo que estabiliza la vida humana requiere tiempo. La fidelidad, el compromiso y las obligaciones son prácticas asimismo que requieren mucho tiempo. La desintegración de las arquitecturas temporales estabilizadoras, entre las que también se cuentan los rituales, hacen que la vida sea inestable. Para estabilizar la vida, es necesaria otra *política del tiempo*.

Entre las prácticas que requieren tiempo se encuentra la observación atenta y detenida. La percepción anexa a la información excluye *la observación larga y lenta*. La información nos hace miopes y precipitados. Es imposible detenerse en la información. La contemplación detenida de las cosas, la atención sin intención, que sería una fórmula de la felicidad, retrocede ante la caza de información. Hoy corremos detrás de la información sin alcanzar un *saber*. Tomamos nota de todo sin obtener un *conocimiento*. Viajamos a todas partes sin adquirir una experiencia. Nos comunicamos continuamente sin participar en una *comunidad*. Almacenamos grandes cantidades de datos sin *recuerdos* que conservar. Acumulamos amigos y seguidores sin encontrarnos con el *otro*. La información crea así una forma de vida sin permanencia y duración.

La infoesfera tiene sin duda un efecto emancipador. Nos libera más eficazmente del penoso trabajo que la esfera de las cosas. La civilización humana puede entenderse como una *espiritualización creciente de la realidad*. El hombre transfiere sucesivamente sus capacidades mentales a las cosas para hacerlas funcionar por él. El espíritu subjetivo se transforma así en espíritu objetivo. En este sentido, las cosas como máquinas representan un progreso en la civilización, ya que contienen en sí mismas ese instinto que, como una forma primitiva del espíritu, las capacita para actuar por su cuenta. Hegel incluyó en su *Filosofía real* esta idea: «La herramienta no tiene aún en sí misma la actividad. Es cosa *inerte* [...]. Sigo teniendo que trabajar yo con ella. Yo he tenido la *astucia* de introducirla entre mí y la coseidad externa para preservarme [...] y dejar que ella se desgaste [...], pero sigo sacándome callos; el hacerme cosa sigue siendo un momento necesario; la actividad propia del impulso no ha pasado aún a la cosa. Hay que poner en la herramienta también actividad propia, convertirla en algo que actúa por sí mismo».[10] La herramienta es una cosa inerte porque no actúa por sí sola. El hombre que la maneja se convierte en una cosa porque su mano se encallece. Se desgasta como una cosa. Con las máquinas autónomas, la mano ya no se encallece, pero ellas todavía no la liberan completamente del trabajo. Las máquinas necesitan de fábricas y trabajadores.

En el siguiente paso civilizatorio, no solo se implanta el instinto en la cosa, sino también la inteligencia, esa forma superior de espíritu. La inteligencia artificial convierte a las cosas en infómatas. La «astucia» consiste en que el hombre no solo deja actuar a las cosas, sino también pensar por él. No son las máquinas, sino los infómatas los que emancipan del trabajo a la mano. Pero la inteligencia artificial queda fuera de la imaginación de Hegel. Además, Hegel se fija demasiado en la idea del trabajo, de modo que no tiene acceso a una forma de vida que no sea trabajo.

Para Hegel, el *espíritu es trabajo. El espíritu es mano.* En su efecto emancipador, la digitalización promete una forma de vida que se asemeja al *juego*. Genera un *desempleo digital* que no tiene carácter coyuntural.

Vilém Flusser resume de la siguiente manera la situación del nuevo mundo dominado por la información: «Ya no podemos retener las cosas, y no sabemos cómo retener la información. Nos hemos vuelto inestables».[11] Tras cierto escepticismo inicial, Flusser imagina el futuro con imágenes utópicas. La inestabilidad inicialmente temida da paso a la ligereza del juego. El ser humano del futuro, sin interés por las cosas, no será un trabajador (*Homo faber*), sino un jugador (*Homo ludens*). No necesitará vencer laboriosamente las resistencias de la realidad material mediante el trabajo. Los aparatos programados por él se encargarán de hacer ese trabajo. Los humanos del futuro no se servirán de las manos: «Este nuevo ser humano que tendremos a nuestro alrededor y que se gestará en nuestro propio interior es manualmente inactivo. Ya no tratará con cosas y, por tanto, ya no podremos hablar de actividades».[12]

La mano es el órgano del trabajo y la actividad. El dedo, en cambio, es el órgano de la elección. El humano manualmente inactivo del futuro solo hará uso de sus dedos. *Elegirá* en lugar de *actuar*. Para satisfacer sus necesidades presionará teclas. Su vida no será un drama que le obligue a actuar, sino un juego. Tampoco querrá poseer nada, sino experimentar y disfrutar.

El humano manualmente inactivo del futuro se acercará a ese *Phono sapiens* que toca con los dedos su smartphone. Usar el smartphone es una forma de jugar. Es tentadora la idea de que el humano del futuro solo juegue y disfrute, es decir, de que no tenga «preocupaciones». ¿Puede considerarse la creciente «gamificación» del mundo, que engloba tanto la comunicación como el trabajo, una prueba de que la era de la humanidad lúdica ya ha comenzado? ¿Debemos dar la bienvenida al *Phono sapiens*? El «último hombre» de Nietzsche ya lo anticipaba: «La gente continúa trabajando, pues el trabajo es un entretenimiento [...]. La gente tiene su pequeño placer para el día y su pequeño placer para la noche: pero honra la salud».[13]

El *Phono sapiens*, que solo experimenta, disfruta y quiere jugar, se despide de esa libertad a que se refería Hannah Arendt, que está ligada a la actividad. Quien *actúa* rompe con lo que existe y pone en el mundo algo nuevo, algo completamente diferente. Para ello debe vencer una *resistencia*. El juego, en cambio, no interviene en la realidad. Actuar es el verbo de la historia. El humano jugador, manualmente inactivo, del futuro representa el final de la historia.

Cada época define la libertad de forma diferente. En la Antigüedad, la libertad significaba ser un hombre libre, no un esclavo. En la modernidad, la libertad se interioriza como autonomía del sujeto. Es la libertad de acción. Hoy, la libertad de acción se reduce a libertad de elección y de consumo. El hombre manualmente inactivo del futuro se entregará a la «libertad de la yema de los dedos»:[14] «Las teclas de que dispongo son tan numerosas que las yemas de mis dedos nunca podrán tocarlas todas. Y así tengo la impresión de ser completamente libre de decidir».[15] La libertad de usar la yema de los dedos es, pues, una ilusión. La libre elección es en realidad una *selección consumista*. El hombre inactivo del futuro no tendrá en verdad *otra posibilidad de elegir*, puesto que no *actuará*. Vivirá en la *poshistoria*. Ni siquiera se dará cuenta de que no usa las manos. Pero *nosotros* somos capaces de crítica porque todavía tenemos *manos* y podemos *actuar* con ellas. Solo las manos son capaces de *elección*, de tener libertad de acción.

La dominación perfecta es aquella en la que todos los humanos solamente jueguen. Juvenal caracterizó con la expresión *panem et circenses* aquella sociedad romana en la que ya no era posible la acción política. La gente se calla con comida gratis y juegos espectaculares. Renta básica y juegos de ordenador serían la versión moderna de *panem et circenses*.

DE LA POSESIÓN A LAS EXPERIENCIAS

Experimentar significa, abstractamente formulado, consumir información. Hoy queremos *experimentar* más que *poseer*, *ser* más que *tener*. Experimentar es una forma de *ser*. Erich Fromm escribe en *¿Tener o ser?*: «Tener se refiere a *cosas* [...]. Ser se refiere a *experiencias* [...]».[1] La crítica de Fromm a la sociedad moderna, más orientada al tener que al ser, no es hoy del todo acertada, porque vivimos en una sociedad de la experiencia y la comunicación, que prefiere el ser al tener. La antigua máxima del «Yo *soy* tanto más cuanto más *tengo*» ya no tiene aplicación. La nueva máxima del experimentar es: «Yo *soy* tanto más cuanto más *experimento*».

Programas de televisión como *Bares für Rares** dan un testimonio elocuente del imperceptible cambio de paradigma que se está produciendo. De forma indolora, casi sin corazón, nos separamos de las cosas que

* «Dinero en efectivo por objetos raros.» En el espectáculo, los concursantes presentan cada uno una rareza o una antigüedad que han llevado consigo. Una vez realizado un peritaje, ofrecen el objeto a un grupo variable de cinco personas para su venta y, desde luego, al mejor postor. *(N. del T.)*

antes eran cosas queridas. Significativamente, la mayoría de los participantes en el programa quieren emplear en viajes los billetes que les entregan en mano, como si los viajes fuesen rituales de separación de las cosas. Los *recuerdos* conservados en las cosas dejan súbitamente de tener valor. Tienen que dejar paso a nuevas *experiencias*. Parece claro que la gente de hoy ya no es capaz de quedarse con las cosas, ni de vivificarlas haciendo de ellas sus fieles compañeras. Las cosas queridas suponen un vínculo libidinal intenso. En la actualidad no queremos atarnos a las cosas ni a las personas. Los *vínculos* son inoportunos. Restan posibilidades a la experiencia, es decir, a la *libertad en el sentido consumista*.

Hasta del consumo de cosas esperamos ahora *experiencias*. El contenido informativo de las cosas, la imagen de una marca, por ejemplo, es más importante que el valor de uso. De las cosas percibimos sobre todo la información que contienen. Al adquirir cosas, compramos y consumimos emociones. Los productos se cargan de emociones mediante alguna *storytelling*. Para la creación de valor es crucial la producción de *información distintiva* que prometa a los consumidores experiencias especiales o la experiencia de lo especial. La información es siempre más importante que el aspecto de la mercancía. El contenido estético-cultural de una mercancía es el verdadero producto. La economía de la experiencia sustituye a la economía de la cosa.

La información no es tan fácil de poseer como las cosas. Esto deja la impresión de que la información pertenece a todos. La posesión define el paradigma de las cosas. El mundo de la información no está hecho para la posesión, puesto que en él rige el *acceso*. Los vínculos con cosas o lugares son reemplazados por el acceso temporal a redes y plataformas. La *sharing economy* debilita también la identificación con las cosas, que es lo que constituye la *posesión*. Esta se funda en la permanencia. Ya la continua necesidad de movilidad dificulta la identificación con las cosas y los lugares. Estos ejercen cada vez menos influencia en la formación de nuestra identidad. Hoy la identidad la determina principalmente la información. Nos *producimos a nosotros mismos* en los medios sociales. La expresión francesa «se produire» significa *ponerse en escena. Nos escenificamos a nosotros mismos. Representamos nuestra identidad.*

La transición de la posesión al acceso implica, según Jeremy Rifkin, un profundo cambio de paradigma que provocará cambios drásticos en la vida humana. Rifkin llega a predecir el advenimiento de un nuevo tipo humano: «Acceso, *access*, es la metáfora más potente de la próxima era. [...] [en un mundo en el que las relaciones personales de propiedad se han considerado como una extensión del propio ser y "medida del hombre"], la reducción de su importancia en el comercio sugiere un cambio importantísimo en la manera en que las generaciones futuras percibirán la naturaleza humana. Efectivamente, es muy probable que un mundo estructurado en torno a las relaciones de acceso produzca un tipo muy diferente de ser humano».[2]

El ser humano desinteresado de las cosas, de las posesiones, no se somete a la «moral de las cosas», basada en el trabajo y la propiedad.[3] Quiere jugar más que trabajar, experimentar y disfrutar más que poseer. También la economía muestra rasgos lúdicos en su fase cultural. La puesta en escena y la representación adquieren cada vez más importancia. Por eso es cada vez más frecuente que la producción cultural, es decir, la producción de información, adapte procesos artísticos. La *creatividad* es su divisa.

En la era de las no-cosas puede percibirse un tono utópico en la *posesión*. La intimidad y la interioridad caracterizan a la posesión. Solo una relación intensa con las cosas las convierte en una posesión. Los aparatos electrónicos no los *poseemos*. Los productos de consumo acaban tan pronto en la basura porque no los usamos, porque ya no los *poseemos*. La posesión se interioriza y se carga de contenidos psicológicos. Las cosas que poseemos son contenedores de sentimientos y recuerdos. La *historia* que se deposita en las cosas mediante un largo uso les confiere un valor sentimental. Pero solo las *cosas discretas* pueden cobrar vida por un intenso apego libidinal. Los bienes de consumo actuales son indiscretos, intrusivos y chismosos. Vienen ya sobrecargados de ideas preconcebidas y de emociones que se imponen al consumidor. Apenas entra nada de la vida personal.

La posesión es, según Walter Benjamin, «la relación más profunda que se puede tener con las cosas».[4] El coleccionista es el propietario ideal de las cosas. Benjamin hace del coleccionista una figura utópica, un futuro salvador de las cosas. Su tarea es la «transfiguración de las cosas». No solo «sueña con un mundo lejano o pasado, sino también con un mundo mejor en el que, aun estando los hombres tan poco provistos de lo que necesitan como en el cotidiano, las cosas estén libres de la servidumbre de ser útiles».[5]

En ese futuro utópico, el ser humano hace un uso muy diferente de las cosas, que ya no es el de *consumir*. El coleccionista, salvador de las cosas, se entrega al trabajo de Sísifo de «despojar a las cosas, mediante su posesión, del carácter de mercancía».[6] El coleccionista de Benjamin está menos interesado en la utilidad y el valor de uso de las cosas que en su historia y fisonomía. La época, el paisaje, el oficio y los poseedores de que proceden cristalizan en sus manos en una «enciclopedia mágica, cuya sustancia es el destino de su objeto».[7] El verdadero coleccionista es lo contrario del consumidor. Es un intérprete del destino, un fisonomista del mundo de las cosas: «Apenas las tiene [las cosas] en sus manos, parecen incitarle a contemplarlas en su lejanía».[8]

Benjamin cita la conocida sentencia latina: *Habent sua fata libelli* [«Los libros tienen su destino»]. Según su forma de interpretarla, el libro tiene un destino en tanto que es una cosa, una posesión. Muestra marcas materiales que le prestan una historia. Un libro electrónico no es una *cosa*, sino una *información*. Su ser es de una condición completamente diferente. No es, aunque dispongamos de él, una *posesión*, sino un *acceso*. En el libro electrónico, el libro se reduce a su valor de información. Carece de edad, lugar, productor y propietario. Carece por completo de la lejanía aurática desde la que nos hablaría un destino individual. El destino no encaja en el orden digital. Las informaciones no tienen ni fisonomía ni destino. Ni admiten un vínculo intenso. Por eso no hay del libro electrónico un *ejemplar*. La *mano* del propietario da a un libro un rostro inconfundible, una fisonomía. Los libros electrónicos no tienen rostro ni historia. Se leen sin las *manos*. El acto de *hojear* es *táctil*, algo constitutivo de toda *relación*. Sin el tacto físico, no se crean vínculos.

Nuestro futuro no será la utopía de Benjamin, en la que las cosas se liberen de su carácter de mercancía. La *edad de las cosas* ha terminado. Programas de televisión como *Bares für Rares* demuestran que, en la actualidad, hasta las cosas queridas se mercantilizan sin piedad. El capitalismo de la información constituye una forma intensificada del capitalismo. A diferencia del capitalismo industrial, convierte también lo inmaterial en mercancía. La vida misma adquiere forma de mercancía. Se comercializan muchas relaciones humanas. Los medios sociales explotan completamente la comunicación. Plataformas como Airbnb comercializan la hospitalidad. El capitalismo de la información está conquistando todos los rincones de nuestra vida; es más, de nuestra alma. Los afectos humanos son sustituidos por valoraciones o likes. Los amigos se cuentan en números. La cultura está completamente al servicio de la mercancía. La historia de un lugar también se explota, *storytelling* mediante, como fuente de plusvalía. Los productos se aderezan con microrrelatos. La diferencia entre cultura y comercio desaparece a ojos vistas. Las instituciones de cultura se presentan como marcas rentables.

La cultura tiene su origen en la comunidad. Transmite valores simbólicos que fundan una comunidad. Cuanto más se convierte la cultura en mercancía, tanto más se aleja de su origen. La comercialización y mercantilización total de la cultura ha tenido por efecto la destrucción de la comunidad. La *community* que tan a menudo invocan las plataformas digitales es una forma de comunidad mercantil. La comunidad como mercancía es el fin de la comunidad.

SMARTPHONE

Al comenzar su implantación, el teléfono se rodeó del aura de un poder en paridad con el destino. Su timbre era como una orden que había que obedecer. En *Infancia en Berlín hacia 1900* Benjamin describe lo indefenso que se sentía ante el siniestro poder del aparato:

> En aquellos tiempos, el teléfono estaba colgado, despreciado y proscrito, en un rincón del fondo del corredor, entre la cesta de la ropa sucia y el gasómetro, donde las llamadas no hacían sino aumentar los sobresaltos de las viviendas berlinesas. Cuando llegaba, después de recorrer a tientas el oscuro tubo, apenas dueño de mí mismo, para acabar con el alboroto, y arrancando los dos auriculares que pesaban como halteras, encajando mi cabeza entre ellos, quedaba entregado a la merced de la voz que hablaba. No había nada que suavizara la autoridad inquietante con la que me asaltaba. Impotente, sentía cómo me arrebataba el conocimiento del tiempo, deber y propósito, cómo aniquilaba mis propios pensamientos, y al igual que el médium obedece a la voz que se apodera de él desde el más allá, me rendía a lo primero que se me proponía por teléfono.[1]

El medio es el mensaje. El teléfono que sonaba en el corredor oscuro, cuyas dos partes pesaban como mancuernas, prefiguraba el mensaje y le daba un tono inquietante. Los sonidos de las primeras llamadas telefónicas eran «ruidos nocturnos». El teléfono móvil que guardamos hoy en el bolsillo del pantalón no tiene la *gravedad del destino*. Es manejable y ligero. Lo dominamos en el sentido literal de la palabra. El destino es ese poder extraño que nos *inmoviliza*. Y el mensaje como *voz del destino* nos concede poca libertad. Pero la sola *movilidad* del smartphone nos da una sensación de libertad. Su sonido no asusta a nadie. Nada en el teléfono móvil nos obliga a una pasividad indefensa. Nadie está a merced de la *voz del otro*.

Los continuos toqueteos y deslizamientos sobre el smartphone son un gesto casi litúrgico que masifica la relación con el mundo. La información que no me interesa la borro en un instante. En cambio, los contenidos que me gustan puedo ampliarlos con los dedos. Tengo el mundo completamente bajo control. El mundo tiene que cumplir conmigo. El smartphone refuerza así el egocentrismo. Al tocar su pantalla, someto el mundo a mis necesidades. El mundo parece estar *digitalmente a mi entera disposición*.

El sentido del tacto es, según Roland Barthes, «el más desmitificador [...], al contrario de la vista, que es el más mágico».[2] *Lo bello en sentido enfático es intocable. Impone distancia.* Ante lo sublime, retrocedemos con reverencia. En la oración juntamos las manos. El sentido del tacto anula la distancia. No es capaz de asombrar. Desmitifica, desauratiza y profana lo que toca. La pantalla táctil compensa la *negatividad de lo otro, de lo no disponible*. Generaliza la *compulsión háptica* de tenerlo todo a nuestra disposición. En la era del smartphone, hasta el sentido de la vista se somete a la compulsión háptica y pierde su lado mágico. Extravía el asombro. La visión que anula la distancia y consume se adhiere al sentido del tacto y profana el mundo. Ante ella, el mundo solo aparece en su disponibilidad. El tacto del dedo índice hace que todo sea consumible. El dedo índice que pide artículos o comidas necesariamente traslada su hábito consumista a otros ámbitos. Todo lo que toca adquiere forma de mercancía. En Tinder degrada al otro a objeto sexual. Privado de su *otredad*, el otro también se torna objeto consumible.

En la comunicación digital, el *otro* está cada vez menos presente. Con el smartphone nos retiramos a una burbuja que nos blinda frente al otro. En la comunicación digital, la forma de dirigirse a otros a menudo desaparece. Al otro no se le *llama* para hablar. Preferimos escribir mensajes de texto, en lugar de llamar, porque al escribir estamos menos expuestos al trato directo. Así desaparece el *otro como voz*.

La comunicación a través del smartphone es una comunicación descorporeizada y sin visión del otro. La comunidad tiene una dimensión física. Ya por faltar corporeidad, la comunicación digital debilita la comunidad. La vista solidifica la comunidad. La digitalización hace desaparecer al *otro como mirada*.

La ausencia de la mirada es también responsable de la pérdida de empatía en la era digital. De hecho, al niño pequeño se le niega la mirada cuando la persona con la que se relaciona mira fijamente el smartphone. Solo en la mirada de la madre halla el niño pequeño apoyo, autoafirmación y comunidad. La mirada construye la confianza original. La ausencia de la mirada conduce a una relación perturbada con uno mismo y con el otro.

El smartphone se diferencia del teléfono móvil convencional en que no solo es un teléfono, sino también, y ante todo, un medio que combina imágenes e información. El mundo se vuelve plenamente disponible y accesible en el momento en que es consumible, en que se objetiva como imagen. «[La palabra alemana] *Bild* ["imagen"] significa [...] aquello que resuena en la locución: *wir sind über etwas im Bilde* ["estamos enterados, o al tanto, de algo"] [...]. Estar *im Bilde* sobre algo significa: tener [*stellen*] ante sí el ente tal como se presenta, y, así dispuesto [*gestellt*], tenerlo constantemente delante.»[3] El smartphone dispone el mundo, es decir, *se hace con él*, representándolo en imágenes. La cámara y la pantalla son elementos capitales del smartphone porque fuerzan la *conversión del mundo en imagen*. Las imágenes digitales transmutan el mundo en *información disponible*. El smartphone es un *Ge-Stell* [un armazón] en el sentido heideggeriano, que, como esencia de la técnica, unifica todas las formas de hacer que algo esté disponible, como encargar, presentar o producir. El siguiente paso en la civilización será la conversión del mundo en imagen.

Consistirá en recrear el mundo *a partir de imágenes*, es decir, en producir una *realidad hiperreal*.

El mundo se compone de cosas en tanto que objetos. La palabra «objeto» deriva del verbo latino *obicere*, que significa echarse hacia delante, oponerse, ser contrario. La negatividad de la resistencia le es inherente. El objeto es originalmente algo que se me opone y se me resiste. Los objetos digitales no tienen la negatividad del *obicere*. No noto resistencia alguna en él. El smartphone es *smart* porque quita resistencia a la realidad. Ya su superficie lisa produce una sensación de ausencia de resistencia. En su tersa superficie táctil todo parece dócil y agradable. Con un clic, o la yema de un dedo, todo es accesible y disponible. Con su suave superficie se comporta como un *lisonjero digital* que nos arranca permanentemente un *me gusta*. Los medios digitales superan eficazmente las resistencias espaciotemporales. Pero justamente la *negatividad de la resistencia* es constitutiva de la *experiencia*. La no resistencia digital, el entorno *smart*, conduce a una pobreza del mundo y de la experiencia.

El smartphone es el principal infómata de nuestro tiempo. No solo hace superfluas muchas cosas, sino que escamotea las cosas del mundo al reducirlas a información. Hasta lo cósico del smartphone se retira a un segundo plano en favor de la información. No lo percibimos en lo que específicamente es. En su apariencia, los smartphones apenas se diferencian unos de otros. Miramos *a través de ellos* hacia la infoesfera. Un reloj analógico nos proporciona información relacionada con el tiempo, pero no es un infómata, sino una cosa, incluso una *alhaja*. Lo cósico es su componente principal.

La sociedad dominada por la información y los infómatas no saben de *adornos*. El adorno fue originariamente la *vestimenta espléndida*. Las no-cosas están desnudas. Lo *decorativo*, lo *ornamental* es característico de las cosas. Con ello, la vida se reafirma en que ella es más que funcionamiento. Lo ornamental era en el Barroco un *theatrum dei*, un teatro para dioses. Si subordinamos completamente la vida a funciones e informaciones, desterramos de ella lo divino. El smartphone es un símbolo de nuestro tiempo. Nada en él aparece *guarnecido*. La *tersura* y las *líneas rectas* dominan. También la comunicación a través de él carece de la *magia de las formas bellas*. En ella prevalece *la línea recta*, que encuentra su mejor expresión en los *impulsos*. El smartphone exacerba aún más la hipercomunicación, que todo lo allana, lo suaviza y, a la postre, lo uniformiza. Vivimos en una «sociedad de singularidades», mas, paradójicamente, lo singular, lo incomparable, apenas se manifiesta.

Hoy llevamos el smartphone a todas partes y delegamos nuestras percepciones en el aparato. Percibimos la realidad a través de la pantalla. La ventana digital diluye la realidad en información, que luego *registramos*. No hay *contacto con cosas*. Se las priva de su *presencia*. Ya no percibimos los *latidos materiales* de la realidad. La percepción se torna luz incorpórea. El smartphone irrealiza el mundo.

Las cosas no nos espían. Por eso tenemos *confianza* en ellas. El smartphone, en cambio, no solo es un infómata, sino un informante muy eficiente que vigila permanentemente a su usuario. Quien sabe lo que sucede en su interior algorítmico se siente con razón perseguido por él. Él nos controla y programa. No somos nosotros los que utilizamos el smartphone, sino el smartphone el que nos utiliza a nosotros. El verdadero actor es el smartphone. Estamos a merced de ese informante digital, tras cuya superficie diferentes actores nos dirigen y nos distraen.

El smartphone no solo tiene aspectos emancipadores. La continua accesibilidad no se diferencia en gran medida de la servidumbre. El smartphone se revela como un campo de trabajo móvil en el que nos encerramos voluntariamente. El smartphone es también un *pornófono*. Nos desnudamos voluntariamente. Funciona como un confesonario portátil. Prolonga el «poderío sagrado del confesonario»[4] en otra forma.

Cada dominación tiene su particular devoción. El teólogo Ernst Troeltsch habla de «los cautivadores objetos devocionales de la imaginación popular».[5] Estabilizan la dominación al hacerla habitual y anclarla en el cuerpo. Ser devoto es ser sumiso. El smartphone se ha establecido como devocionario del régimen neoliberal. Como aparato de sumisión, se asemeja al rosario, que es tan móvil y manejable como el *gadget* digital. El like es el amén digital. Cuando damos al botón de «Me gusta», nos sometemos al aparato de la dominación.

Plataformas como Facebook o Google son los nuevos señores feudales. Incansables, labramos sus tierras y producimos datos valiosos, de los que ellos luego sacan provecho. Nos sentimos libres, pero estamos completamente explotados, vigilados y controlados. En un sistema que explota la libertad, no se crea ninguna resistencia. La dominación se consuma en el momento en que concuerda con la libertad.

Hacia el final de su libro *La era del capitalismo de la vigilancia*, Shoshana Zuboff evoca la resistencia colectiva que precedió a la caída del Muro de Berlín: «El Muro de Berlín cayó por muchas razones, pero, sobre todo, porque la gente de Berlín oriental se dijo: "¡Ya está bien! [...] ¡Basta!". Tomemos esto como *nuestra* declaración».[6] El sistema comunista, que *suprime* la libertad, difiere fundamentalmente del capitalismo neoliberal de la vigilancia, que *explota* la libertad. Somos demasiado dependientes de la droga digital, y vivimos aturdidos por la fiebre de la comunicación, de modo que no hay ningún «¡Basta!», ninguna voz de resistencia. El romanticismo revolucionario está aquí de más. Con su *truismo* «Protect Me From What I Want», la artista conceptual Jenny Holzer ha expresado una verdad que parece habérsele escapado a Shoshana Zuboff.

El régimen neoliberal es en sí mismo *smart*. El poder *smart* no funciona con mandamientos y prohibiciones. No nos hace dóciles, sino dependientes y adictos. En lugar de quebrantar nuestra voluntad, sirve a nuestras necesidades. Quiere complacernos.

Es permisivo, no represivo. No nos impone el silencio. Más bien nos incita y anima continuamente a comunicar y compartir nuestras opiniones, preferencias, necesidades y deseos. Y hasta a contar nuestras vidas. Al ser tan amistoso, es decir, *smart*, hace invisible su intención de dominio. El sujeto sometido ni siquiera es consciente de su sometimiento. Se imagina que es libre. El capitalismo consumado es el capitalismo del «Me gusta». Gracias a su permisividad no tiene que temer ninguna resistencia, ninguna revolución.

Dada nuestra relación casi simbiótica con el smartphone, se presume ahora que este representa un objeto de transición. Objeto de transición llama el psicoanalista Donald Winnicott a aquellas cosas que posibilitan en el niño pequeño una transición segura a la realidad. Solo por medio de los objetos de transición crea el niño un espacio de juego, un «espacio intermedio»[7] en el que «se relaja como si estuviera en un lugar de descanso seguro y no conflictivo».[8] Los objetos de transición construyen un puente hacia la realidad, hacia el otro, que se sustrae a su fantasía infantil de omnipotencia. Desde muy temprano, los niños pequeños agarran objetos como los extremos de un cobertor o una almohada para llevárselos a la boca o acariciarse con ellos. Más adelante toman un objeto entero como una muñeca o un peluche. Los objetos de transición cumplen una importante función vital. Dan al niño una sensación de seguridad. Le quitan el miedo a estar solo. Crean confianza y seguridad. Gracias a los objetos de transición, el niño se desarrolla lentamente en el mundo que lo rodea. Son las primeras *cosas del mundo* que estabilizan la vida de la primera infancia.

El niño mantiene una relación muy intensa e íntima con su objeto de transición. El objeto de transición no debe alterarse ni lavarse. Nada tiene que interrumpir la experiencia de su cercanía. El niño entra en pánico cuando extravía su objeto querido. Aunque el objeto de transición es una posesión suya, tiene cierta vida propia. Para el niño se presenta como una entidad independiente y personal. Los objetos de transición abren un espacio *dialógico* en el cual el niño encuentra al *otro*.

Cuando extraviamos nuestro smartphone, el pánico es total. También tenemos una relación íntima con él. De ahí que no nos guste dejarlo en otras manos. ¿Puede entonces compararse a un objeto de transición? ¿Sería como un oso de peluche digital? Esto se contradice con el hecho de que el smartphone es un objeto narcisista. El objeto de transición encarna al *otro*. El niño habla y se acurruca con él como si fuera otra persona. Pero nadie se arrima al smartphone. Nadie lo percibe propiamente como un otro. A diferencia del objeto de transición, no representa una cosa querida que sea insustituible. Al fin y al cabo, compramos regularmente un nuevo smartphone.

El juego con el objeto de transición encierra una analogía con las actividades creativas posteriores, como el arte. Abre un espacio libre para el juego. El niño se imagina a sí mismo como objeto de transición. Da rienda suelta a sus fantasías. Carga de simbolismos el objeto de transición. Deviene en un recipiente de sus sueños. En cambio, el smartphone, que nos inunda de estímulos, reprime la imaginación. Los objetos de transición son *pobres en estímulos*. Por eso intensifican y estructuran la atención. La sobrecarga sensorial que emana del smartphone fragmenta la atención y desestabiliza la psique, mientras que el objeto de transición tiene un efecto estabilizador.

Los objetos de transición fundan una *relación con el otro*. Con el smartphone tenemos, por el contrario, una relación narcisista. Guarda muchas similitudes con los llamados «objetos autistas». También podemos llamarlos «objetos narcisistas». Los objetos de transición son *blandos*. El niño se acurruca con ellos. Al hacerlo, no se siente a sí mismo, sino al *otro*. Los objetos autistas son *duros*: «La dureza del objeto permite al niño sentir, mediante la manipulación y la presión, no tanto el objeto como a sí mismo».[9] Los objetos autistas carecen de la *dimensión de la otredad*. No estimulan la imaginación. Su manejo es repetitivo y poco creativo. Lo *repetitivo*, lo *compulsivo*, también caracteriza a la relación con el smartphone.

Los objetos autistas son, como los objetos de transición, un sustituto de la persona que falta, pero la reducen a un *objeto*. La despojan de su *otredad*: «Con los objetos autistas hemos puesto el ejemplo extremo de que los objetos ocupan el lugar de las personas; es más, sirven justo para escapar de los imponderables y las separaciones siempre posibles que inevitablemente conllevan las relaciones con las personas que actúan de forma autónoma y, lo que es más radical, para no percibir en absoluto a las otras personas como tales».[10] La similitud entre el smartphone y los objetos autistas salta a la vista. A diferencia del objeto de transición, el smartphone es *duro*. El smartphone no es un oso de peluche digital. Más bien es un objeto narcisista y autista en el que uno no siente a otro, sino ante todo *a sí mismo*. Como resultado, también destruye la empatía. Con el smartphone nos retiramos a una esfera narcisista protegida de los *imponderables del otro*. Hace que la otra persona esté *disponible* al transformarla en objeto. Convierte el *tú* en un *ello*. La *desaparición del otro* es precisamente la razón ontológica por la que el smartphone hace que nos sintamos solos. Hoy nos comunicamos de forma tan compulsiva y excesiva porque estamos solos y notamos un vacío. Pero esta hipercomunicación no es satisfactoria. Solo hace más honda la soledad, porque falta la *presencia del otro*.

SELFIS

La foto analógica es una *cosa*. No pocas veces la guardamos cuidadosamente como una cosa querida. Su frágil materialidad la expone al envejecimiento, a la decadencia. Nace y sufre la muerte: «[...] como un organismo viviente, nace a partir de los granos de plata que germinan, alcanza su pleno desarrollo durante un momento, luego envejece. Atacada por la luz, por la humedad, empalidece, se extenúa, desaparece [...]».[1] La fotografía analógica también encarna la transitoriedad de lo real. El objeto fotografiado se aleja inexorablemente en el pasado. La fotografía conoce el *duelo*.

Un drama de muerte y resurrección domina la teoría de la fotografía de Barthes, que puede leerse como un elogio de la fotografía analógica. Como cosa frágil, la fotografía está condenada a morir, pero también es un medio de resurrección. Capta los rayos de luz que emanan de lo fotografiado y los graba en granos de plata. No se limita a recordar a los muertos. Más bien, hace posible una *experiencia de su presencia* devolviéndoles la *vida*. Es un «ectoplasma», una «emanación del referente»,[2] una misteriosa alquimia de la inmortalidad: «[...] el cuerpo amado es inmortalizado por mediación de un metal precioso, la plata [...]; a lo cual habría que añadir la idea de que este metal, como todos los metales de la Alquimia, es viviente».[3] La fotografía es el cordón umbilical que conecta el cuerpo querido con el que lo mira más allá de la muerte. Lo ayuda a renacer, lo redime de la descomposición tras la muerte. La fotografía «tiene algo que ver con la resurrección».[4]

En *La cámara lúcida* late un duelo excesivo. Barthes invoca en él con insistencia a su madre muerta. Comentando una fotografía de su madre que el libro no reproduce (*brilla por su ausencia*), escribe: «Así, la Fotografía del Invernadero, por descolorida que esté, es para mí el tesoro de los rayos que emanaban de mi madre siendo niña, de sus cabellos, de su piel, de su vestido, de su mirada, *aquel día*».[5] Barthes escribe Fotografía con mayúscula, como si fuera una fórmula de redención, un *shibboleth* para la resurrección.

La experiencia de la caducidad de la vida humana, reforzada por la fotografía, crea una necesidad de redención. Así, también Agamben vincula la fotografía con la idea de resurrección. La fotografía es una «profecía del cuerpo glorioso».[6] Del sujeto fotografiado emana un «callado apóstrofe», una «exigencia de redención»:[7] «El sujeto capturado en la foto exige algo de nosotros. [...] Incluso si la persona fotografiada estuviera hoy del todo olvidada, incluso si su nombre estuviera borrado para siempre de la memoria de los hombres, incluso a pesar de todo eso

—o, quizá, precisamente por todo ello—, esa persona [...] exige no ser olvidad[a]».[8] El *ángel de la fotografía* renueva siempre la promesa de una resurrección. Es un ángel de la memoria y de la redención. Él nos eleva por encima de la caducidad de la vida.

La fotografía analógica transfiere al papel las radiaciones lumínicas que emite el objeto a través del negativo. Por su propia naturaleza, es una *fotoimagen*. En la cámara oscura, la luz renace. Entonces es una *cámara clara*. El medio digital, en cambio, transforma los rayos de luz en datos, es decir, en relaciones numéricas. En los datos *no hay luz*. No son *ni claros ni oscuros*. Interrumpen la *luz* de la vida. El medio digital rompe la relación mágica que conecta el objeto con la fotografía a través de la luz. «Analógico» significa similar. La química tiene una relación análoga con la luz. Los rayos de luz que emanan del objeto se conservan en granos de plata. En cambio, no hay ninguna similitud, ninguna analogía entre la luz y los números. El medio digital *traduce* la luz a datos. La luz se pierde en el proceso. En la fotografía digital, la alquimia deja paso a la matemática. Desencanta la fotografía.

La fotografía analógica es un «certificado de presencia».[9] Da testimonio del «esto ha sido».[10] Está *enamorada de la realidad*: «Lo que me interesa de una fotografía es únicamente que me muestre algo que existe, que vea en ella ni más ni menos que "¡eso existió!"».[11] Si el «esto ha sido» es la *verdad de la fotografía*, la fotografía digital es una *mera apariencia*. La fotografía digital *no es una emanación, sino una eliminación del objeto.* No tiene un vínculo intenso, íntimo y libidinal con el objeto. No profundiza, no se enamora del objeto. No lo *llama*, no *dialoga* con él. No se funda en un encuentro único e irrevocable con el objeto. La visión se delega en el aparato. La posibilidad del posterior procesamiento digital debilita el vínculo con el objeto. Hace imposible el *fervor por la realidad.* Separada del objeto, la fotografía se torna autorreferencial. La inteligencia artificial genera una nueva realidad ampliada que *no existe*, una hiperrealidad que ya no guarda ninguna correspondencia con la realidad, con el objeto real. La fotografía digital es hiperreal.

La fotografía analógica como medio de la memoria cuenta una *historia*, un *destino*. Un *horizonte novelesco* la rodea: «La fecha forma parte de la foto [...] porque hace pensar, obliga a sopesar la vida, la muerte, la inexorable extinción de las generaciones: es *posible* que Ernest, el pequeño colegial fotografiado en 1931 por Kertész, viva todavía en la actualidad (pero ¿dónde? ¿cómo? ¡Qué novela!)».[12] La fotografía digital no es *novelesca*, sino episódica. El smartphone produce una fotografía con una temporalidad completamente diferente, una fotografía sin profundidad temporal, sin extensión novelesca, una fotografía sin destino ni memoria, esto es, una *fotografía momentánea.*

Walter Benjamin observa que, en la fotografía, el valor de exposición desplaza cada vez más el valor de culto. Pero el valor de culto no se retira de la fotografía sin resistencia. El «rostro humano» es su última trinchera. Así, el retrato era central en la fotografía primitiva. El valor de culto pervive en el «culto al recuerdo de los seres queridos lejanos o difuntos». La «expresión fugaz de un rostro humano» crea esa aura que confiere a la fotografía una «belleza melancólica que no se puede comparar con nada».[13]

El rostro humano vuelve a conquistar la fotografía en forma de selfis. La selfi hace de él una *face*. Las plataformas digitales como Facebook lo demuestran. A diferencia del retrato analógico, la selfi se carga hasta reventar de valor de exposición. El valor de culto desaparece por completo. La selfi es la cara exhibida sin aura. Le falta esa belleza «melancólica». Se caracteriza por una *alegría digital*.

El narcisismo solo no agota lo esencial de la selfi. Lo nuevo de la selfi tiene que ver con su *condición*. La selfi no es una cosa, sino una *información*, una *no-cosa*. También en la fotografía ocurre que las no-cosas desplazan a las cosas. Pero el smartphone hace desaparecer las *cosas fotográficas*. Las selfis, que son información, solo tienen sentido dentro de la comunicación digital. Hacen desaparecer el recuerdo, el destino y la historia.

La Fotografía de la madre de Barthes es una cosa, y una cosa querida. Es la expresión pura de su persona. Ella *es* la madre. En ella, la madre está presente en una *cosa*. Ella *materializa* su presencia. Como cosa querida, se sustrae totalmente a la comunicación. La exhibición la destruiría. Precisamente por eso, Barthes no la reproduce en su libro, aunque hable de ella incesantemente. El *secreto* es su esencia. *Arcanum* remite a caja (*arca*). La Fotografía de Barthes se guarda en la caja, en un sitio más *recóndito*, como un secreto. Pierde toda su magia en el momento en que se muestra a los demás. Su dueño la guarda solo *para él*. Este *para sí* es esencialmente ajeno a las selfis y a las fotos digitales. Estas son una comunicación visual, una *información*. Hacerse selfis es un acto comunicativo. Por tanto, *deben* ser expuestos a la mirada ajena, ser compartidos. Su esencia es la *exhibición*, mientras que el *secreto* caracteriza a la Fotografía.

Las selfis no se hacen para guardarlas. No son un medio de la memoria. Por eso no se hacen copias de ellas. Como cualquier información, están ligadas a la actualidad. Las *repeticiones* no tienen sentido. Las selfis solo se conocen una vez. Su condición se asemeja a la de un mensaje oído en un contestador automático. La comunicación digital de imágenes las relega a la condición de mera información. El Snapchat Messenger, que borra las fotos a los pocos segundos, corresponde a su esencia. Tienen la misma duración que los mensajes verbales. Otras fotos que tomamos con nuestros smartphones también se tratan como información. Nada hay en ellas que se parezca a una cosa. Su condición es fundamentalmente distinta de la de las fotografías analógicas. Estas son más cosas perdurables que no-cosas instantáneas.

El Snapchat Messenger consuma la *comunicación digital instantánea*. Representa el tiempo digital en su forma más pura. *Solo cuenta el momento.* Su *story* no es una *historia* en el sentido propio de la palabra. No es narrativo, sino aditivo. Se agota en un encadenamiento de instantáneas. El tiempo digital se compone de una mera secuencia de presentes puntuales. Carece de toda *continuidad narrativa.* Hace a la vida misma fugaz. Los objetos digitales no nos permiten *detenernos.* En esto se diferencian de las cosas.

Las selfis se distinguen por su carácter lúdico. La comunicación digital tiene rasgos lúdicos. *Phono sapiens* descubre la comunicación como su campo de juego. Es más *Homo ludens* que *Homo faber.* La comunicación de imágenes por medio de la fotografía digital es mucho más apropiada para jugar y teatralizar que la comunicación puramente escrita.

Como las selfis son ante todo comunicaciones, tienden a ser *chismosas.* De ahí que en ellas prevalezcan también las poses extremas. No existe una selfi silenciosa. Los retratos analógicos, en cambio, suelen ser *silenciosos.* No reclaman atención. Es precisamente este silencio el que les da su fuerza expresiva. Las selfis son ruidosas, pero su expresión es pobre. Debido al sobredimensionamiento, parecen máscaras. La extensión de la comunicación de imágenes digitales al rostro humano tiene consecuencias. Este adquiere *forma de mercancía.* Benjamin habría dicho que pierde enteramente su *aura.*

Los retratos analógicos son una especie de *naturaleza detenida.* Tienen que expresar a la *persona.* Por eso, ante la cámara, nos preocupamos mucho por dar una imagen que esté en armonía con nosotros mismos, por acercarnos a nuestra imagen interior, por sentirla. Hacemos una pausa. Nos volvemos hacia dentro. Por eso, es frecuente que los retratos analógicos parezcan serios. Las poses también son discretas. Las selfis, en cambio, no son un testimonio de la persona. Las expresiones faciales estandarizadas, como la *duckface*, ni siquiera permiten la expresión de la persona. Con la lengua fuera y guiñando un ojo, todas parecen iguales. Nos *inventamos a nosotros mismos*, es decir, *nos ponemos en escena* en diferentes poses y papeles.

El selfi anuncia la desaparición de la persona cargada de destino e historia. Expresa la forma de vida que se entrega lúdicamente al momento. Las selfis no conocen el duelo. La muerte y la fugacidad les son del todo ajenas. Las *funeral selfies* indican la ausencia de duelo. Son selfis tomadas en los entierros. Junto a los féretros, la gente sonríe alegre a la cámara. Se contraría a la muerte con un irónico *soy yo*. Pero también podríamos llamar a esto el *duelo digital*.

INTELIGENCIA ARTIFICIAL

En un nivel más profundo, el pensamiento es un proceso resueltamente *analógico*. Antes de captar el mundo en conceptos, se ve *apresado*, incluso *afectado* por él. Lo *afectivo* es esencial para el pensamiento humano. *La primera afectación del pensamiento es la carne de gallina*. La inteligencia artificial no puede pensar porque no se le pone la carne de gallina. Le falta la dimensión afectivo-analógica, la emoción que los datos y la información no pueden comportar.

El pensamiento parte de una *totalidad* que precede a los conceptos, las ideas y la información. Se mueve ya en un «*campo* de experiencia»[1] *antes* de dirigirse específicamente a los objetos y los hechos que encuentra en él. La totalidad de lo existente a la que se enfrenta el pensamiento, se le abre inicialmente en un medio *afectivo*, en una disposición anímica: «La disposición anímica (*Stimmung*) ha abierto ya el ser-en-el-mundo como un todo, y esto es lo primero que hace posible un dirigirse hacia...».[2] Antes de que el pensamiento se dirija hacia algo, *se encuentra* ya en una disposición anímica básica. Este *encontrarse* en una disposición anímica caracteriza al pensamiento humano. La disposición anímica no es un estado subjetivo que tiña el mundo objetivo. *Es* el mundo. Posteriormente, el pensamiento articula en conceptos el mundo abierto en una disposición anímica fundamental. Este precede a la conceptuación, al trabajo con los conceptos: «Definimos el filosofar como un preguntar conceptual a partir de un estremecimiento esencial del *Dasein*. Pero este estremecimiento solo es posible desde, y en, una disposición anímica fundamental del *Dasein*».[3] Solo esta disposición anímica nos *hace* pensar: «Todo pensamiento esencial requiere que sus pensamientos y enunciados sean en toda ocasión obtenidos, como el metal de la mena, desde la disposición anímica fundamental».[4]

El hombre como *Dasein* está siempre arrojado a un mundo *determinado*. El mundo se le abre prerreflexivamente como una totalidad. El *Dasein* como *disposición anímica* precede al *Dasein* como ser *consciente*. En su estremecimiento inicial, el pensamiento está como *fuera de sí*. La disposición anímica fundamental lo pone en un *fuera*. La inteligencia artificial no piensa porque nunca está *fuera de sí misma*. El *espíritu* originariamente *está fuera de sí mismo* o *estremecido*. La inteligencia artificial puede *calcular* con rapidez, pero le falta el *espíritu*. Para el cálculo, el estremecimiento solo sería una perturbación.

«Analógico» es lo que guarda correspondencia. Heidegger se vale aquí del parentesco entre vocablos de su idioma. El pensamiento como proceso analógico se corresponde (*entspricht*) con una voz (*Stimme*) que lo determina (be-*stimmt*) y sintoniza (durch-*stimmt*) con él. El pensamiento no es interpelado por tal o cual ente, sino por la totalidad de lo ente, por el *ser de lo ente*. La fenomenología de la disposición anímica de Heidegger ilustra la diferencia fundamental entre el pensamiento humano y la inteligencia artificial. En *¿Qué es la filosofía?* escribe Heidegger: «El corresponder (*Das Ent-sprechen*) escucha la voz de una llamada. Lo que se nos dice como voz del ser, determina (be-*stimmt*) nuestra correspondencia. "Corresponder" significa entonces: estar determinado, *être disposé*, por el ser del ente. [...] La correspondencia es necesariamente, y siempre, no solo estar determinado accidental y ocasionalmente. Es un estado de determinación. Y es solo a partir de la disposición anímica que el decir de la correspondencia recibe su precisión, su ser determinado».[5] El pensamiento *oye*, mejor, *escucha* y *pone atención*. La inteligencia artificial es sorda. No oye esa «voz».

El «comienzo de un filosofar verdaderamente vivo» es, según Heidegger, el «despertar de una disposición anímica fundamental» que «nos determina de modo fundamental».[6] La disposición anímica fundamental es la fuerza de gravedad que reúne palabras y conceptos a su alrededor. Sin tal disposición anímica, el pensamiento carece de un *marco organizador*: «Si la disposición anímica fundamental está ausente, todo es un estrépito forzado de conceptos y palabras vacías».[7] La *totalidad* afectiva que se da en esa disposición anímica es la dimensión analógica del pensamiento, que la inteligencia artificial no puede reproducir.

Según Heidegger, la historia de la filosofía es una historia de esa disposición anímica fundamental. El pensamiento de Descartes, por ejemplo, está *determinado* por la duda, mientras que el de Platón lo está por el asombro. El *cogito* de Descartes se basa en la disposición anímica fundamental de la duda. Heidegger caracteriza la *disposición anímica* de la filosofía moderna de la siguiente manera: «Para él [Descartes], la duda constituye esa disposición anímica que se centra en el *ens certum*, lo que existe con certeza. La *certitudo* es entonces esa firmeza del *ens qua ens* que resulta de la indubitabilidad del *cogito (ergo) sum* para el ego del hombre. [...] La disposición anímica de la confianza en la siempre alcanzable certeza absoluta del conocimiento será el *pathos* y, por ende, el *arjé* de la filosofía moderna».[8] El *pathos* es el comienzo del pensamiento. La inteligencia artificial es *apática*, es decir, sin *pathos*, sin *pasión*. Solo *calcula*.

La inteligencia artificial no tiene acceso a *horizontes* que se *vislumbran* en lugar de estar claramente definidos. Pero esta «vislumbre» no es un «primer peldaño en la escala del saber». En ella más bien se abre la «antesala» «que encierra, es decir, oculta todo lo que puede saberse».[9] Heidegger localiza esta vislumbre en el corazón. La inteligencia artificial no tiene corazón. El pensamiento del corazón percibe y tantea *espacios* antes de trabajar con los conceptos. En esto se diferencia del cálculo, que no necesita *espacios*:

«Si este saber "del corazón" es un vislumbrar, nunca debemos tomar este vislumbrar por un pensar que se difumina en la oscuridad. Tiene su propia claridad y resolución, y, sin embargo, sigue siendo fundamentalmente distinto de la seguridad de la mente calculadora».[10]

Siguiendo a Heidegger, la inteligencia artificial sería incapaz de pensar en la medida en que se le cierra esa *totalidad* en la que el pensamiento tiene su origen. No tiene *mundo*. La totalidad como *horizonte semántico* abarca más que los objetivos previstos en la inteligencia artificial. El pensamiento procede de forma muy diferente a la inteligencia artificial. La totalidad constituye el *marco* inicial a partir del cual se conforman los hechos. El cambio de disposición anímica como cambio de marco es como un cambio de paradigma que da lugar a nuevos hechos.[11] La inteligencia artificial, en cambio, procesa hechos *predeterminados que siguen siendo los mismos*. No puede darse a sí misma nuevos hechos.

El *big data* sugiere un conocimiento absoluto. Las cosas revelan sus correlaciones secretas. Todo se vuelve calculable, predecible y controlable. Se anuncia toda una nueva era del saber. En realidad, se trata de una forma de saber bastante primitiva. La *data mining* o minería de datos descubre las correlaciones. Según la lógica de Hegel, la correlación representa la forma más baja de saber. La correlación entre A y B dice: A ocurre a menudo junto con B. Con la correlación no se sabe *por qué* sucede esto. *Simplemente sucede.*

La correlación indica probabilidad, no necesidad. Se diferencia de la causalidad, que establece una necesidad: *A causa B*. La *acción recíproca* representa el siguiente nivel del saber. Dice: A y B se condicionan mutuamente. Se establece una conexión necesaria entre A y B. Sin embargo, en este nivel de conocimiento aún no se *comprende*: «Si nos detenemos en la consideración de un determinado contenido meramente desde el punto de vista de la acción recíproca, es en verdad un comportamiento totalmente incomprensible».[12]

Solo el «concepto» capta la conexión entre A y B. Es la C que conecta A y B. Por medio de C, se *comprende* la relación entre A y B. El concepto vuelve a formar el *marco*, la *totalidad*, que reúne a A y B y aclara su relación. A y B solo son los «momentos de un tercero superior». El *saber* en sentido propio solo es posible en el nivel del concepto: «El concepto es lo inherente a las cosas mismas, lo que nos dice que son lo que son, y, por tanto, comprender un objeto significa ser consciente de su concepto».[13] Solo a partir del *concepto* omnicomprensivo C puede comprenderse plenamente la relación entre A y B. La realidad misma se transmite al saber cuando es captada por el concepto.

El *big data* proporciona un conocimiento rudimentario. Se queda en las correlaciones y el reconocimiento de patrones, en los que, sin embargo, nada se *comprende*. El concepto forma una *totalidad* que *incluye* y *comprende* sus momentos en sí mismo.

La totalidad es una forma final. El concepto es una conclusión. «Todo es conclusión» significa «todo es concepto».[14] La razón también es una conclusión: «Todo lo racional es una conclusión». El *big data* es *aditivo*. Lo aditivo no forma una totalidad, un final. Le falta el concepto, es decir, lo que une las partes en un todo. La inteligencia artificial nunca alcanza el nivel conceptual del saber. No *comprende* los resultados de sus cálculos. El cálculo se diferencia del pensamiento en que no forma conceptos y no avanza de una conclusión a otra.

La inteligencia artificial aprende del pasado. El futuro que calcula no es un futuro en el sentido propio de la palabra. Aquella es *ciega para los acontecimientos*. Pero el pensamiento tiene un carácter de acontecimiento. Pone algo *distinto por completo* en el mundo. La inteligencia artificial carece de la *negatividad de la ruptura*, que hace que lo verdaderamente *nuevo* irrumpa. Todo *sigue igual*. «Inteligencia» significa *elegir entre* (*inter-legere*). La inteligencia artificial solo elige entre *opciones dadas de antemano*, últimamente entre el *uno* y el *cero*. No sale de lo antes dado hacia lo *intransitado*.

El pensamiento en sentido enfático engendra *un mundo nuevo*. Está en camino hacia lo *completamente otro*, hacia *otro lugar*: «La palabra del pensamiento es pobre en imágenes y carece de estímulos. [...] Sin embargo, el pensamiento cambia el mundo. Lo cambia en la profundidad, cada vez más oscura, del pozo que es un enigma, y que al ser más oscura es la promesa de una mayor claridad».[15] La inteligencia de las máquinas no alcanza esa profundidad del oscuro pozo de un enigma. La información y los datos no tienen *profundidad*. El pensamiento humano es más que cálculo y resolución de problemas. *Despeja* e *ilumina* el mundo. Hace surgir un mundo *completamente diferente*. La inteligencia de las máquinas entraña ante todo el peligro de que el pensamiento humano se asemeje a ella y se torne *él mismo maquinal*.

El pensamiento se nutre del eros. En Platón, el logos y el eros entran en íntima relación. El eros es la condición de posibilidad del pensamiento. Heidegger también sigue en esto a Platón. En el camino hacia lo intransitado, el pensamiento se inspira en el eros: «Lo llamo el eros, el más antiguo de los dioses en palabras de Parménides. El batir de las alas de ese dios me conmueve cada vez que doy un paso esencial en el pensamiento y me aventuro en lo intransitado».[16] Eros está ausente en el cálculo. Los datos y la información no *seducen*.

Según Deleuze, la filosofía comienza con un «faire l'idiot».[17] No es la inteligencia, sino un idiotismo, lo que caracteriza al pensamiento. Todo filósofo que produce un nuevo idioma, un nuevo pensamiento, un nuevo lenguaje, es un idiota. Se despide de todo lo que ha *sido*. Habita esa *inmanencia virgen, aún no descrita*, del pensamiento. Con ese «faire l'idiot», el pensamiento se atreve a saltar a lo totalmente otro, a lo no transitado. La historia de la filosofía es una historia de idiotismos, de saltos idiotas: «El idiota antiguo pretendía alcanzar unas evidencias a las que llegaría por sí mismo: entretanto dudaría de todo [...]. El idiota moderno no pretende llegar a ninguna evidencia [...], quiere lo absurdo, no es la misma imagen del pensamiento».[18] La inteligencia artificial es incapaz de pensar, porque es incapaz de «faire l'idiot». *Es demasiado inteligente para ser un idiota.*

VISTAS DE LAS COSAS

¡Qué asombroso servilismo! Las cosas son buenas como imágenes. Literalmente: ¡como imágenes! Ya no inquietan en absoluto a los hombres. *Y ellos ni siquiera las miran de soslayo para conocerlas.*

FRANCIS PONGE[1]

D'abord la chose est l'autre, le tout autre qui dicte ou qui écrit la loi [...] *une injonction infiniment, insatiablement impérieuse à laquelle je dois m'assujettir* [...].*

JACQUES DERRIDA[2]

PERFIDIAS DE LAS COSAS

En la serie de dibujos animados de Mickey Mouse, se ofrecen a lo largo del tiempo diferentes represen-

* «En primer lugar, la cosa es el otro, el propio otro que dicta o escribe la ley [...] un mandato infinitamente, insaciablemente imperioso al que debo someterme.» *(N. del T.)*

taciones de la realidad de las cosas.[3] En los primeros episodios, las cosas se comportan de forma muy insidiosa. Adquieren vida propia, son obstinadas en sus acciones y aparecen como actores imprevisibles. El protagonista se enfrenta continuamente a ellas. Sale literalmente despedido o es maltratado con fruición cuando se las encuentra. No está exento de peligro andar cerca de ellas. Las puertas, las sillas, las camas plegables, los armarios o los vehículos pueden, en cualquier momento, convertirse en objetos peligrosos o en verdaderas trampas. La mecánica muestra todo su lado diabólico. Hay choques por doquier. El protagonista se halla completamente a merced de la arbitrariedad e imprevisibilidad de las cosas. Las cosas generan frustración. Gran parte de la diversión de estas animaciones la proporciona la *perfidia de las cosas*.

También Charlie Chaplin está irremediablemente a merced de la perfidia de las cosas en sus primeras películas. Las cosas vuelan a su alrededor y se interponen en su camino. La comedia de situación resulta de los duelos con las cosas. Arrancadas de su contexto funcional, cobran vida propia. Se crea una anarquía de cosas. En *La casa de empeños*, por ejemplo, Chaplin, el nuevo empleado del prestamista, examina un reloj despertador, como si fuera un cuerpo, con un estetoscopio y un martillo de reflejos, y lo abre con un berbiquí y un abrelatas. Las piezas mecánicas del despertador desmontado cobran vida propia y se ponen en movimiento.[4]

Las cosas pérfidas pertenecen ya al pasado. Las cosas ya no nos maltratan. Su comportamiento ya no es destructivo, y tampoco se nos resisten. Pierden sus puntas. No las percibimos en su alteridad o extrañeza. Esto debilita nuestro *sentido de la realidad*. La digitalización, sobre todo, exacerba la desrealización del mundo al descosificarlo. La observación de Derrida de que la cosa es lo «completamente otro» (*le tout autre*), que dicta su «ley», a la que tenemos que someternos, suena ya extraña. Las cosas hoy son bastante sumisas. Están sometidas a nuestras necesidades.

También Mickey Mouse lleva hoy una vida digital e inteligente. Su mundo está digitalizado e informatizado. En la nueva serie *La casa de Mickey Mouse*, la realidad de las cosas se presenta de una manera completamente diferente. Las cosas pierden de repente su vida propia y se convierten en herramientas cómplices para la resolución de problemas. La propia vida se ve como solución de problemas. El trato con las cosas pierde cualquier carácter conflictivo. Ahora no aparecen como actores revoltosos.

Mickey y sus amigos, por ejemplo, caen en una trampa. Todo lo que tienen que hacer es gritar «Oh Toudles». Entonces acude la «Handy-Dandy Machine», que parece un smartphone redondo. En su pantalla se muestra un menú de cuatro «acciones», o cuatro objetos, que pueden elegir para resolver el problema. La máquina Handy-Dandy tiene una solución para cada problema. El protagonista ya no choca con la realidad de las cosas. No se enfrenta a la resistencia de las cosas. De ese modo, se inculca ya a los niños una idea de factibilidad, de que hay una solución rápida, incluso una aplicación, para todo, de que la propia vida no es más que resolución de problemas.

LA ESPALDA DE LAS COSAS

El navegante Simbad sufre un naufragio durante uno de sus viajes. Arriba con sus compañeros a una pequeña isla que le parece un jardín paradisiaco. Se pasea y caza con ellos. Mientras encienden una hoguera para asar la pieza cazada, repentinamente el suelo empieza a agitarse y los árboles a dispersarse. La isla es en realidad el lomo de un enorme monstruo marino. Este había estado descansando durante siglos, por lo que se había formado tierra fértil sobre él. El calor del fuego altera al monstruo, que se sumerge en las profundidades. Simbad y sus compañeros acaban en el mar. Ernst Bloch leyó el cuento como una alegoría de nuestra relación con las cosas. Se oponía a nuestro concepto instrumental de las cosas. Concebía la cultura humana como una formación muy frágil «a la espalda de las cosas». Tan solo se conoce la «parte de delante o de arriba por su utilidad técnica, y su amigable incorporación a nuestro mundo». Pero no vemos su «parte de atrás y donde todo fluctúa».[5]

Bloch considera la posibilidad de que la utilidad técnica de las cosas sea solo su cara de delante vuelta hacia nosotros, de que, en realidad, las cosas pertenezcan a «otro mundo, un mundo solo inserto en lo humano». Detrás de su utilidad técnica sospecha una vida propia e irracional que se opone a las intenciones humanas. Si esto es así, no mandamos ni en nuestra propia casa:

> El fuego se va calentando en la estufa, incluso cuando no estamos ante esta. Es cierto pues que también el fuego arde en el cuarto solitario y caldeado. Sin embargo, esto no es seguro, y aquello que el fuego hacía antes de nuestra entrada no queda nada claro y lo que hacen los muebles durante nuestra ausencia tampoco. No podemos probar ninguna hipótesis, pero tampoco podemos refutar las más fantasiosas. Por cierto, los ratones danzan en la mesa y, entretanto, ¿qué hace la mesa? Precisamente que, tras haberlo dejado, todo quede intacto cuando se vuelve a verlo puede ser lo más monstruoso imaginable. [...] Desde siempre ha creado un sentimiento angustioso no poder ver las cosas nada más que cuando las vemos.[6]

Quizá usemos la internet de las cosas para combatir ese temor tan arraigado a que las cosas puedan hacer travesuras en nuestra ausencia. Las infoesferas ponen grilletes a las cosas. La internet de las cosas es su prisión: doma las cosas para que satisfagan serviciales nuestras necesidades.

En el pasado, se concedía más autonomía a las cosas. En la exitosa novela *Auch Einer* (1878), del filósofo Friedrich Theodor Vischer, las cosas cometen excesos. El protagonista se siente continuamente amenazado por la «perfidia del objeto». Las cosas lo atosigan. Está en guerra con ellas. De vez en cuando se venga de ellas ejecutándolas: «Desde el amanecer hasta bien entrada la noche, mientras haya algún hombre en su camino, el objeto piensa en hacerle alguna fechoría, tenderle alguna trampa. Hay que tratarlo como el domador a la bestia cuando penetra en su jaula; no se aparta de su mirada, ni la bestia de la suya [...]. Así espera todo objeto, el lápiz, la pluma, el tintero, el papel, el cigarro, el vaso, la lámpara... todo, todo, el momento en que uno se descuida. [...] Y, como el tigre, que, en el primer momento en que no se ve observado, se abalanza feroz sobre el desafortunado, así hace el maldito objeto [...]».[7]

En la literatura del pasado, las cosas actúan no pocas veces como sujetos caprichosos. Hoy serían impensables narraciones como *Adventures of a Shilling* (1710), de Joseph Addison, o *Autobiography of a Pocket-Handkerchief* (1843), de James Fenimore Cooper, en las que las cosas cuentan su vida como protagonistas. Muchas figuras literarias del siglo XX siguen enfrentándose a la vida propia de las cosas. En ellas, el proyecto de la modernidad, es decir, la total disponibilidad e instrumentalización de las cosas, todavía sigue mostrando grietas. La percepción es permeable a *las partes inferior y trasera de las cosas*.

El personaje Törless de Robert Musil, por ejemplo, tiene la «cualidad enigmática» de ser «asaltado incluso por cosas inanimadas, meros objetos, y en ocasiones por cien ojos silenciosos e interrogantes».[8] Las cosas lo *miran*. Cosas insignificantes parecen hablarle. El mundo está «lleno de voces inaudibles».[9] Lo *otro como mirada*, lo *otro como voz*, está presente en ese momento. También Sartre sabe todavía lo que es *ser tocado por las cosas*. El protagonista de *La náusea* entra repetidamente *en contacto* con las cosas, y ello le produce terror: «Los objetos no deberían *tocar*, puesto que no viven. Uno los usa, los pone en su sitio, vive entre ellos; son útiles, nada más. Y a mí me tocan; es insoportable. Tengo miedo de entrar en contacto con ellos, como si fueran animales vivos».[10] En el mundo de Sartre, lo *otro* aún está intacto. Lo *otro como mirada* es constitutivo de la relación con el mundo. Incluso el crujido de las ramas, una ventana entreabierta o los ligeros movimientos de las cortinas se perciben como miradas.[11] Hoy, el mundo no tiene ojos. Ya no nos mira. Pierde su *alteridad*.

Para Rilke, las cosas irradian calor. Por eso sueña con una relación íntima con las cosas: «Quiero dormir alguna vez con cada cosa, cansarme de su calor, soñar que me llega su aliento, sentir su amada vecindad desnuda en todos mis miembros y fortalecerme con el aroma de su sueño, y luego, por la mañana temprano, antes de que se despierte, antes de despedirme, seguir, seguir...».[12] Las bellas cosas de factura artesanal calientan el corazón. El *calor de las manos* se transfiere a las cosas. La frialdad de las máquinas hace desaparecer el calor de las cosas. En la modernidad, las cosas se enfrían y son objetos reacios. También Walter Benjamin nota el enfriamiento de las cosas: «El calor desaparece de las cosas. Los objetos de uso cotidiano van repeliendo al hombre de forma silenciosa, pero además perseverante. Todos los días se ve obligado a hacer un esfuerzo enorme para superar las secretas resistencias (y no solo las patentes) que oponen los objetos. El hombre tiene que compensar con su calor la frialdad de las cosas para quedarse congelado, y ha de sujetar con gran cuidado las agudas puntas de las cosas para no desangrarse».[13]

Ya han pasado los tiempos en que las cosas tenían «puntas». La digitalización quita a las cosas cualquier materialidad «rebelde», cualquier resistencia. Pierden completamente el carácter del *obicere*. No nos ofrecen ninguna resistencia. Los infómatas no tienen puntas, por lo que tenemos que manejarlos con suma destreza. Más bien se amoldan a nuestras necesidades. Nadie se hace daño con el resbaladizo smartphone.

Hoy las cosas ni siquiera se enfrían. No hay ni frialdad ni calor en ellas. Están, por así decirlo, como decaídas. Toda vivacidad se desvanece en ellas. Ya no son nada que se nos oponga. No son cuerpos *contrarios*. ¿Quién se siente en la actualidad mirado o interpelado por las cosas? ¿Quién percibe un rostro en las cosas? ¿Quién reconoce una fisonomía viva en las cosas? ¿A quién le parecen animadas las cosas? ¿Quién sospecha que las cosas tienen vida propia? ¿Quién se siente amenazado o hechizado por las cosas? ¿Quién se deleita con la mirada cálida de las cosas? ¿Quién se maravilla de la extrañeza de las cosas? ¿Siguen los niños de hoy arrastrándose con el corazón palpitante por la habitación semioscura en la que las mesas, los armarios y las cortinas les hacen muecas atroces?

El mundo actual es muy pobre en *miradas* y *voces*. No nos mira ni nos habla. Pierde su *alteridad*. La pantalla digital, que determina nuestra experiencia del mundo, nos protege de la realidad. El mundo se desrealiza en un mundo sin cosas, sin cuerpos. Al ego así fortalecido nada otro lo toca. Se refleja en la *espalda de las cosas*.

Que *el otro desaparezca* es realmente un acontecimiento dramático. Pero ocurre de forma tan imperceptible que ni siquiera somos conscientes de ello. El otro como misterio, lo otro como mirada, lo otro como voz desaparece. El otro, despojado de su alteridad, se rebaja hasta convertirse en un objeto disponible y consumible. La desaparición del otro se extiende también al mundo de las cosas. Las cosas pierden su propio peso, su propia vida y su independencia.

Si el mundo se compone únicamente de objetos disponibles y consumibles, no podemos entablar *relación* con él. Tampoco es posible entablar *relación* con la información. La relación presupone un ser independiente, una reciprocidad, un tú: «Quien dice tú no tiene algo, no tiene nada. Pero tiene una relación».[14] Un objeto disponible y consumible no es un tú, sino un eso. La ausencia de relación y apego conduce a un serio empobrecimiento del mundo.

La consecuencia de la marea de objetos digitales, en particular, es una pérdida del mundo. La pantalla es muy pobre en mundo y realidad. Sin nada enfrente, sin un *tú*, solo damos vueltas alrededor de nosotros mismos. La depresión no es sino una exacerbación patológica de la sensación de pobreza del mundo. La digitalización ha contribuido a su propagación. Las infoesferas intensifican nuestro egocentrismo. Todo lo sometemos a nuestras necesidades. Solo una *reanimación de lo otro* podría liberarnos de la pobreza del mundo.

FANTASMAS

En el breve relato de Kafka «Las preocupaciones del padre de familia», un objeto revoltoso llamado Odradek trasguea por la casa. El padre de familia está preocupado. Odradek es un carrete de hilo con forma de estrella que se mueve con total independencia sobre unas varillas como si fueran dos patas. Carece de todo servilismo o docilidad. Es una cosa, pero elude cualquier contexto funcional. Nada en él indica una funcionalidad: «Uno sentiría la tentación de creer que este artilugio pudo tener en otro tiempo una forma funcional y ahora está simplemente roto. Mas no parece ser este el caso; por lo menos, no hay nada que lo demuestre; en ningún punto se ven añadidos o fracturas que apunten a algo semejante; el conjunto parece, es verdad, carente de sentido, pero también perfecto en su género. Más detalles no se pueden decir sobre el particular, pues Odradek posee una movilidad extraordinaria y no se deja atrapar». Odradek también desafía la asignación espacial. Tiene un «domicilio indeterminado». La mayoría de las veces se mantiene apartado en espacios intersticiales, como escaleras o pasillos. A veces simplemente no se deja ver durante meses. Odradek representa la *tozudez de la cosa*. Encarna *lo otro*, lo *absolutamente otro*. Tiene su *propia ley*.

Odradek es muy suyo, pero «es evidente que no hace daño a nadie», resume el narrador. Sin embargo, Kafka piensa de otra manera sobre las no-cosas. En una carta a Milena, escribe que toda la infelicidad de su vida proviene de las cartas que escribe.[15] Las cartas, dice, han traído al mundo un gran quebranto para las almas. Escribir cartas es tratar con fantasmas. Se puede pensar en una persona lejana o tratar con una cercana, y todo lo demás sobrepasa las fuerzas humanas. Los besos escritos no llegan a su destino. Los fantasmas los interceptan por el camino y los absorben. La humanidad lo nota y lucha contra ello. Ha inventado el ferrocarril, el automóvil y el aeroplano para eliminar el medio fantasmal entre las personas y tranquilizar a las almas, pero no han servido de nada, solo fueron inventos realizados en plena caída. Por el lado opuesto hay algo mucho más efectivo. Después de la oficina de correos, ha inventado el telégrafo, el teléfono y la radiotelegrafía. Los fantasmas no morirán de inanición, pero la humanidad, concluye Kafka, sucumbirá.

Ante la digitalización, Kafka habría admitido con resignación que los fantasmas han logrado su victoria final contra la humanidad tras haber inventado internet, el correo electrónico y el smartphone. Los fantasmas retozan en la red. Las infoesferas son de hecho fantasmales. En ellas, nada puede materializarse. Las no-cosas son alimento para los fantasmas.

La comunicación digital supone una considerable merma de las relaciones humanas. Hoy estamos todos en las redes sin estar *conectados* unos con otros. La comunicación digital es extensiva. Le falta la intensidad. Estar en la red no es sinónimo de estar *relacionados*. Hoy, el *tú* es reemplazado por un *ello*. La comunicación digital elimina el encuentro personal, el *rostro*, la *mirada*, la *presencia física*. De este modo, acelera la *desaparición del otro*. Los fantasmas habitan el *infierno de lo igual*.

El hombre es un ser *cercano*. Pero la cercanía no es una ausencia de distancia. La distancia está inscrita en ella. La proximidad y la distancia van juntas. Así, el hombre, como ser cercano, es al mismo tiempo un ser *lejano*. Por eso dice Kafka que se puede tratar con un ser humano cercano o pensar en un ser humano lejano, y todo lo demás sobrepasa el poder humano. La comunicación digital destruye tanto la cercanía como la lejanía al hacer que *no haya distancias*. La *relación con el otro* presupone una distancia. La distancia asegura que el tú no se rebaje a un ello. En la era de la desaparición de la distancia, la relación da paso al *contacto sin distancia*.

Los infómatas carecen por completo de la independencia de la cosa. En todos los aspectos se oponen a Odradek, la cosa recalcitrante. Están completamente absortos en su funcionalidad y se someten a unas órdenes. El infómata llamado Alexa, que a diferencia de Odradek tiene un domicilio determinado, es muy locuaz. A diferencia del mudo Odradek, al que, según Kafka, uno «no le hace preguntas difíciles», Alexa acepta cualquier pregunta, por complicada que sea, y responde solícita. En nuestra *smarthome*, nada preocupará al «padre de familia».

MAGIA DE LAS COSAS

Hoy percibimos la realidad principalmente en términos de información. La capa de información que recubre las cosas como una membrana sin aberturas impide la percepción de las *intensidades*. La información *representa* la realidad. Pero su dominio dificulta la experiencia de la *presencia*.[16] Consumimos permanentemente información. Esta reduce el *contacto*. La percepción pierde profundidad e intensidad, cuerpo y volumen. No profundiza en la *capa de presencia* de la realidad. Solo toca su superficie informativa.

La masa de información que se antepone a la realidad socava la capa material de esta. Ya Hugo von Hofmannsthal sostenía que «[...] las palabras se han antepuesto a las cosas. El saber de oídas ha engullido el mundo».[17] En su famosa *Carta de lord Chandos*, el narrador ficticio refiere experiencias epifánicas de presencia. Cosas poco llamativas, como una regadera medio llena, un insecto flotando en ella, un manzano atrofiado, una piedra cubierta de musgo o un rastrillo abandonado en el campo, «sobre las que una mirada se deslizaría con natural indiferencia», adquieren súbitamente, y por un momento, un «carácter sublime y conmovedor», y bañan al espectador en una «marea suave y creciente de sentimiento divino».[18] Las experiencias epifánicas de intensidad transportan al espectador a un «pensamiento febril», un «pensar en un material más inmediato, más fluido, más incandescente que las palabras».[19] Evocan una relación *mágica* con el mundo que no se caracteriza por la *representación*, es decir, por la idea y el significado, sino por el *contacto* y la *presencia* inmediatos.

Ni la «visión del cielo estrellado» ni el «majestuoso sonido del órgano»[20] conducen a la experiencia de la presencia. Se trata más bien de una «composición de cosas insignificantes»[21] que se convierte en fuente de un rapto enigmático y sin palabras. En esos momentos epifánicos, el hombre entabla una «relación nueva y premonitoria con toda la existencia» y empieza a «pensar con el corazón».[22] También incluye momentos de profunda «paz».[23] El narrador anhela un *lenguaje de las cosas* «en el que las cosas mudas me hablen, y en el que quizá pueda justificarme en la tumba ante un juez desconocido».[24]

La mayor atención a las cosas va emparejada con el olvido y la pérdida de sí mismo. Cuando el ego se *debilita*, se torna receptivo a ese silencioso lenguaje de las cosas. La experiencia de la presencia presupone un *exponerse*, una *vulnerabilidad*. Sin *herida*, solo oigo a la postre el eco de mí mismo. La *herida* es la apertura, el *oído para lo otro*. Hoy, esos momentos epifánicos no son posibles porque el ego se fortalece cada vez más. Apenas le *tocan* las cosas.

La teoría de la fotografía que expone Barthes puede aplicarse a la propia realidad. Barthes distingue dos elementos de la fotografía. El primer elemento, el *studium*, se refiere a ese vasto campo de información que *registramos* cuando contemplamos fotografías. Es el «campo [...] del deseo indolente, del interés diverso, del gusto inconsecuente: *me gusta / no me gusta, I like / I don't*».[25] El *studium* pertenece al orden del *to like*, no del *to love*. Solo se acompaña «de un interés vago, liso, irresponsable».[26] La información visual puede ser chocante, pero no «hiere». No se produce ninguna «afectación». En el *studium* no hay *efusión*. Las *intensidades* le son ajenas. La percepción en él subyacente es *extensiva, aditiva y cumulativa*. El *studium* es una *lectura*. Carece de magia.

El segundo elemento de la fotografía es el *punctum*. Este elemento interrumpe el *studium*. Algo «sale de la escena como una flecha y viene a punzarme».[27] El *punctum* rompe el continuo de la información. Es un lugar de máxima intensidad y condensación, al que es inherente *algo indefinible* que escapa a la representación: «La incapacidad de nombrar es un buen síntoma de trastorno. [...] El efecto es seguro, pero ilocalizable, no encuentra su signo, su nombre; es tajante, y sin embargo recala en una zona incierta de mí mismo [...]».[28]

El *studium* está provisto de una «conciencia soberana».[29] Dejo que mi atención se deslice soberana sobre el amplio campo de información. El *punctum*, en cambio, me lleva a una pasividad radical. Me hace *débil*. Sufro una pérdida de mí mismo. Algo me «afecta» fuera de la decisión consciente. Algo me «corrompe» y me «hiere». Estoy turbado y atrapado por algo *singular*. Algo *sin nombre* irrumpe en una zona desconocida del yo que escapa a mi control.

Barthes llama «monótonas» a aquellas fotografías que se agotan en el *studium*. Solo transportan información clara y simple. La propia realidad se vuelve monótona cuando se diluye en información consumible. La realidad como información pertenece al orden del *to like*, no del *to love*. El *me gusta* inunda el mundo. La *negatividad de lo otro* es inherente a toda experiencia intensa. La positividad del *like* transforma el mundo en un *infierno de lo igual*.

Barthes también cuenta a la fotografía pornográfica como fotografía monótona. Es lisa y llana, mientras que la fotografía erótica es una imagen «alterada, fisurada».[30] No hay información que muestre *fracturas*. Por tanto, no existe *información erótica*. La información es pornográfica por su propia naturaleza. Lo que está plenamente *presente* y se *exhibe* sin descanso no seduce. Lo erótico presupone un «campo ciego», algo que elude la visibilidad, la revelación de información: «La presencia (la dinámica) de este campo ciego es, me parece, lo que distingue la foto erótica de la foto pornográfica».[31] El «campo ciego» es el *lugar de la fantasía*. Solo se abre *cerrando los ojos*.

El *punctum de la realidad* penetra en el campo de la representación y deja que la *presencia* irrumpa. Produce momentos epifánicos. La digitalización totaliza el *studium* al reducir la realidad a información. Nada sale disparado de la pantalla digital como una flecha que punce al espectador. La información no tiene *punta de flecha*. Rebota en el ego fortalecido. La masa de información que cubre la realidad estorba la percepción del *punctum de la realidad*. El ruido de la información impide las experiencias de presencia, incluso las *revelaciones*, a las que es inherente un *momento de silencio*.

Freud define la «cosa» como un complejo de percepciones que escapa a la representación.[32] Se «impone» porque rehúsa cualquier atribución de propiedades. La singularidad imponente, la *negatividad de lo enteramente otro*, la distingue. De ese modo, marca una *grieta* dentro de lo simbólico, es decir, dentro del *studium*. Y Lacan dice de la cosa: «Lo que hay en *la cosa*: ese es el verdadero misterio».[33] La cosa como *punto ciego* es la contrafigura de la información y la transparencia. Es lo *intransparente* por excelencia. Denota algo que se repliega obstinadamente en un *subsuelo*. Si las cosas ordinarias de la percepción cotidiana fuesen representantes del orden simbólico, la misteriosa *cosa en sí* sería una NO-COSA (*achose*). La NO-COSA es lo *real* que rehúye lo *simbólico*. Atraviesa la red de la representación. Es el *punctum de la realidad*, ese «campo ciego» (*champ aveugle*) o «sutil más-allá-del-campo» (*hors-champ subtil*),[34] que contraría al *studium*, al campo extendido de la información.

EL OLVIDO DE LAS COSAS EN EL ARTE

Las obras de arte son cosas. Incluso las obras de arte lingüísticas, como los poemas, que no solemos tratar como cosas, tienen carácter de cosa. En una carta a Lou Andreas-Salomé, Rilke escribe: «De alguna manera, yo también debo llegar a hacer cosas; no cosas plásticas, escritas; realidades fruto del oficio».[35] El poema, como composición formal de *significantes*, de signos lingüísticos, es una cosa, porque no puede resolverse en significados. Podemos leer un poema por su significado, pero no fundirnos con él. El poema tiene una dimensión sensual, corpórea, que escapa al sentido, al *significado*. Es precisamente el *exceso del significante* lo que condensa el poema en cosa.

Una cosa no es algo que podamos leer. El poema como cosa se resiste a esa lectura que consume el sentido y la emoción como en las historias de detectives o las novelas de argumento nítido. Esa lectura busca descubrir algo. Es pornográfica. Pero el poema rechaza cualquier «satisfacción novelesca»,[36] cualquier consumo. La lectura pornográfica se opone a esa lectura erótica que se *detiene* en el texto como cuerpo, como cosa. Los poemas no son compatibles con nuestra época pornográfica, consumista. A esto se debe el que hoy apenas leamos poesía.

Robert Walser describe el poema como un cuerpo bello, como una cosa corpórea: «En mi opinión, el poema bello tiene que ser un cuerpo bello que ha de florecer de [...] palabras olvidadizas, casi sin ideas, puestas sobre el papel. Estas palabras forman la piel que se estira alrededor del contenido, es decir, del cuerpo. El arte consiste, no en decir palabras, sino en formar un cuerpo-poema, es decir, en conseguir que las palabras solo sean el medio para formar el cuerpo-poema [...]».[37] Las palabras se plasman «sin ideas», «olvidadizas», en el papel. La escritura se libera así de la intención de dotar a las palabras de un significado unívoco. El poeta se abandona a un proceso casi inconsciente. El poema se teje con significantes liberados de la servidumbre de producir significado. El poeta *no tiene ideas*. Una *ingenuidad mimética* lo caracteriza. Se propone formar un cuerpo, una cosa, con las palabras. Las palabras como piel no encierran un significado, sino que se estiran alrededor del cuerpo. La poesía es un *acto de amor*, un *juego erótico con el cuerpo*.

El *materialismo* de Walser consiste en que concibe el poema como cuerpo. La poesía no trabaja en la formación de significados, sino en la de cuerpos. Los significantes no se refieren en primer lugar a un significado, sino que se condensan en un cuerpo bello y misterioso que *seduce*. La lectura no es una hermenéutica, sino una háptica, un contacto, una caricia.

Se acurruca junto a la *piel del poema. Disfruta de su cuerpo*. El poema como cuerpo, como cosa, tiene una *presencia* especial que hay que sentir al margen de la *representación*, a la que se dedica la hermenéutica.

El arte se aleja cada vez más de ese materialismo que concibe la obra de arte como cosa. Más allá del compromiso con el significado, permite un juego despreocupado con los significantes. Ve en el lenguaje un material con el que jugar. Francis Ponge compartiría sin más el materialismo de Walser: «Desde el momento en que uno considera las palabras (y las expresiones verbales) como un material, es muy agradable ocuparse de ellas. Del mismo modo que puede ser agradable para un pintor ocuparse de los colores y las formas. Lo más placentero es jugar con ellos».[38] El lenguaje es un patio de recreo, un «lugar de esparcimiento». Las palabras no son, ante todo, portadoras de significados. Más bien se trata de «extraer de ellas todo el placer posible al margen de su significado».[39] En consecuencia, el arte que se dedica al significado es *hostil al placer*.

La poética de Ponge se propone dar un lenguaje a las propias cosas en su alteridad, en su independencia, más allá de su utilidad. El lenguaje no tiene aquí la función de designar las cosas, de *representarlas*. La óptica de la cosa de Ponge más bien reifica las palabras, las acerca al estatus de la cosa. Desde una ingenuidad mimética, refleja la *correspondencia secreta entre lenguaje y cosa*. El poeta, como en Walser, *no tiene en absoluto ideas*.

También la voz posee una dimensión cósico-corporal que se manifiesta precisamente en su «grano», en la «voluptuosidad de sus sonidos significantes».[40] Lo cósico de la voz hace que la lengua y las mucosas, su deseo, sean audibles. Forma la *piel sensual de la voz.* La voz no solo se articula, sino que también se *corporeíza.* La voz completamente absorta en el significado no tiene cuerpo, ni placer, ni deseo. Al igual que Walser, Barthes habla explícitamente de la *piel*, del *cuerpo* del lenguaje: «Algo se muestra en él, manifiesta y testarudamente (es *eso* lo único que se oye), que está por encima (o por debajo) del sentido de las palabras [...]: algo que es de manera directa el cuerpo del cantor, que en un mismo movimiento trae hasta nuestros oídos desde el fondo de sus cavernas, sus músculos, mucosas y cartílagos [...], como si una misma piel tapizara la *carne* del interior del ejecutante y la música que canta».[41]

Barthes distingue dos formas de canto. El «geno-canto», dominado por el principio de placer, por el cuerpo, por el deseo, y el «feno-canto», destinado a la comunicación, a la transmisión de significados. En el feno-canto predominan las consonantes, que elaboran el sentido y el significado. El geno-canto, en cambio, utiliza las consonantes «como trampolines de la admirable vocal». Las vocales se acomodan al cuerpo voluptuoso, al deseo. Forman la *piel* del lenguaje. Ellas son las que nos ponen la piel de gallina. El feno-canto de las consonantes, en cambio, no nos *toca.*

La obra de arte como cosa no es un mero portador de ideas. No *ilustra* nada. El proceso de expresión no lo guía ningún concepto claro, sino una fiebre indeterminada, un delirio, una intensidad, un impulso o un deseo inarticulable. En el ensayo *La duda de Cézanne*, Maurice Merleau-Ponty escribe: «La expresión no puede ser entonces la traducción de un pensamiento ya claro, puesto que los pensamientos claros son aquellos que ya han sido dichos por nosotros mismos o por los demás. La "concepción" no puede preceder a la "ejecución". Antes de la expresión no existe otra cosa que una vaga fiebre [...]».[42] Una obra de arte *significa* más que todos los significados que puedan extraerse de ella. Paradójicamente, esta sobreabundancia de significado se debe a la renuncia al significado. Procede de la *sobreabundancia del significante*.

Lo problemático del arte actual es que tiende a comunicar una opinión preconcebida, una convicción moral o política, es decir, a transmitir información.[43] La concepción precede a la ejecución. Como resultado, el arte degenera en ilustración. Ninguna fiebre indeterminada anima el proceso de expresión. El arte ya no es un *oficio* que da a la materia forma de cosa *sin intención*, sino una *obra de pensamiento* que comunica una idea prefabricada. El *olvido de las cosas* se apodera del arte. Este se deja llevar por la comunicación. Se carga de *información y discurso*. Quiere *instruir* en vez de *seducir*.

La información destruye el *silencio* de la obra de arte como cosa: «Los cuadros originales son silenciosos o inmóviles en un sentido en el que la información nunca lo es».[44] Si miramos un cuadro solo para informarnos de algo, dejamos de sentir su independencia y su magia. Es el *exceso del significante* lo que hace que la obra de arte parezca *mágica* y *misteriosa*. El secreto de la obra de arte no es que oculte información que pueda ser revelada. Lo misterioso en ella es el hecho de que los significantes circulen sin que se detengan en un significado, en un sentido. «El secreto. Cualidad seductora, iniciática, de lo que no puede ser dicho [...] y, sin embargo, circula. [...] Esta complicidad no tiene nada que ver con una información oculta. Además, si cualquiera de los implicados quisiera levantar el secreto no podría, pues no hay nada que decir... Todo lo que puede ser revelado queda al margen del secreto. [...] es el inverso de la comunicación y, sin embargo, se comparte.»[45]

El régimen de información y comunicación no es compatible con el secreto. Este es un antagonista de la información. Es un *murmullo del lenguaje*, pero que no tiene nada que decir. En el arte es esencial la «seducción subyacente al discurso, invisible, de signo en signo, circulación secreta».[46] La seducción discurre por debajo del sentido, fuera de toda hermenéutica. Es *más rápido, más ágil* que el sentido y el significado.

La obra de arte tiene dos capas, la orientada a la representación y la que se aparta de esta. Podemos llamar a la primera *feno-capa*, y, a la segunda, *geno-capa* de la obra de arte. El arte cargado de discurso, moralizante o politizante, no tiene una *geno-capa*.

Hay en él opiniones, pero no *deseo*. La *geno-capa* como lugar de misterio dota a la obra de arte de un aura de NO-COSA al rechazar cualquier atribución de significado. La NO-COSA se *impone* porque no informa. Es el *reverso*, el *patio trasero* misterioso, el «sutil fuera de campo» (*hors-champ subtil*) de la obra de arte, su *inconsciente*. Se opone al desencantamiento del arte.

LA MANO DE HEIDEGGER

Heidegger se pone enfáticamente de parte del trabajo y la mano, como si hubiera intuido que el futuro ser humano no tendrá manos y, en lugar de trabajar, se inclinará a jugar. Una conferencia sobre Aristóteles comienza con estas palabras: «Nació, trabajó y murió».[47] Pensar es trabajar. Más adelante, Heidegger describe el pensamiento como un *oficio manual*: «Quizá el pensamiento sea también como la construcción de un armario. En cualquier caso, es una obra ejecutada con las manos».[48] La mano hace del pensamiento un proceso de todo punto análogo. Heidegger diría: la inteligencia artificial no piensa, porque no tiene manos.

La *mano* de Heidegger defiende decididamente el orden terreno frente al digital. Digital deriva de *digitus*, que significa «dedo». Con los dedos *contamos* y *calculamos*. Son numéricos, es decir, digitales. Heidegger distingue explícitamente la mano de los dedos.

La máquina de escribir, en la que solo intervienen las yemas de los dedos, «retira al hombre de la esfera esencial de la mano».[49] Destruye la «palabra» degradándola a un «medio de transmisión», es decir, a «información».[50] Lo mecanografiado «ya no va y viene de la mano que escribe y propiamente actúa».[51] Solo la «escritura a mano» se acerca al dominio esencial de la palabra. La máquina de escribir, según Heidegger, es una «nube sin signos», es decir, una nube numérica, una *cloud* que oculta la esencia de la palabra. La mano es un «signo» en la medida en que señala aquello «que se atribuye al pensamiento». Solo la mano recibe el don del pensamiento. Para Heidegger, la máquina de escribir es un precursor de la calculadora. Convierte la «palabra» en «información». Se acerca al aparato digital. La construcción del ordenador es posible gracias al «proceso de transformar más y más el lenguaje en mero instrumento de información».[52] La mano no cuenta ni calcula. Representa lo no contable, lo no calculable, lo «absolutamente singular, que en su singularidad es lo único uno y unidor antes de todo número».[53]

Ya el análisis que hace Heidegger de los útiles en *Ser y tiempo* demuestra que es la mano la que originariamente nos abre el mundo circundante. Una cosa se muestra primero como un ente que tenemos a mano o es «para la mano» (*Zuhandenes*). Cuando tomo directamente el lápiz, no se me aparece como un objeto con determinadas propiedades. Si quiero representármelo como un objeto, tengo que apartar la mano y mirar fijamente el lápiz. La mano que toma la cosa experimenta la cosa más originalmente que la contemplación que se la representa: «Cuanto menos se mira la cosa-martillo, más resueltamente se usa, más original es la relación con ella y más se ofrece como lo que es, como útil. El martilleo mismo descubre la específica "manejabilidad" del martillo. Llamamos *Zuhandenheit* ("estar a la mano") al modo de ser del útil en el que este se revela por sí mismo».[54] La mano *precede* a toda representación. El pensamiento de Heidegger siempre se esfuerza por penetrar en una esfera de experiencia que se halla bloqueada por el pensamiento de representación y objetivador y que antecede a este. Es justamente la *mano* la que tiene acceso a la esfera original del ser, la cual va por delante de toda forma de objetivación.

En *Ser y tiempo*, la cosa como útil se experimenta en su utilidad. En su segundo análisis de la cosa, efectuado en «El origen de la obra de arte», Heidegger intenta penetrar en una esfera aún más profunda del ser de la cosa, que en sí misma precede a su utilidad: «El ser útil del útil consiste en su utilidad. Pero esta misma descansa en la plenitud de un ser esencial del útil. Lo llamamos fiabilidad».[55] La «fiabilidad» es una experiencia primaria de la cosa que, en sí misma, precede a la utilidad. Heidegger ilustra la «fiabilidad» con un cuadro de Van Gogh que representa un par de botas de cuero. ¿Por qué Heidegger elige los zapatos como ejemplo? Los zapatos protegen el *pie*, que en muchos aspectos está relacionado con la *mano*. Curiosamente, Heidegger llama explícitamente la atención sobre el pie, lo que sería bastante innecesario, ya que todo el mundo sabe para qué sirven los zapatos: «Tomaremos como ejemplo un utensilio corriente: un par de botas de campesino [...]. Este tipo de utensilio sirve para calzar los pies».[56]

El cuadro de Van Gogh representa en realidad sus propios zapatos. Son claramente zapatos masculinos. Pero Heidegger decide otra cosa: «Las botas campesinas las lleva la labradora cuando trabaja en el campo y solo en ese momento son precisamente lo que son. Lo son tanto más cuanto menos piensa la labradora en sus botas durante su trabajo, cuando ni siquiera las mira ni las siente. La labradora se sostiene sobre sus botas y anda con ellas. Así es como dichas botas sirven realmente para algo. Es en este proceso de utilización del utensilio cuando debemos toparnos verdaderamente con el carácter de utensilio».[57] Este pasaje recuerda el análisis de los útiles en *Ser y tiempo*. La cosa-martillo se me aparece como lo que es, esto es, como útil en el momento en que lo tomo en la mano y doy martillazos, en lugar de quedarme mirándolo. Y lo mismo los zapatos cuando la campesina camina y/o permanece de pie con ellos. Sin embargo, la esencia del zapato no es la utilidad. En un lenguaje figurado, Heidegger señala un nivel de experiencia que precede a la utilidad:

> En la oscura boca del gastado interior del zapato está grabada la fatiga de los pasos de la faena. En la ruda y robusta pesadez de las botas ha quedado apresada la

> obstinación del lento avanzar a lo largo de los extendidos y monótonos surcos del campo mientras sopla un viento helado. En el cuero está estampada la humedad y el barro del suelo. Bajo las suelas se despliega toda la soledad del camino del campo cuando cae la tarde. En el zapato tiembla la callada llamada de la tierra, su silencioso regalo del trigo maduro, su enigmática renuncia de sí misma en el yermo barbecho del campo invernal. A través de este utensilio pasa todo el callado temor por tener seguro el pan, toda la silenciosa alegría por haber vuelto a vencer la miseria, toda la angustia ante el nacimiento próximo y el escalofrío ante la amenaza de la muerte. Este utensilio pertenece a la *tierra* y su refugio es el *mundo* de la labradora.[58]

La «fiabilidad» de la cosa consiste en el hecho de que integra a los seres humanos en esas referencias al mundo que sostienen la vida. La cosa con su «fiabilidad» es una cosa del mundo. Pertenece al orden terreno. Si la cosa se desconecta, como hoy, de esa abundancia de referencias que *funda el mundo* y se agota en la pura funcionalidad, su fiabilidad también desaparece: «El utensilio singular se usa y consume [...] Así es como el ser-utensilio se vacía, se rebaja hasta convertirse en un mero utensilio. Esta vaciedad del ser-utensilio es la pérdida progresiva de la fiabilidad [...] Ya solo se ve la utilidad escueta y desnuda».[59]

La existencia humana *hace pie* en la tierra. El pie representa en Heidegger la *estabilidad del suelo*. Conecta al hombre con la tierra, que le da un sostén y un lugar donde permanecer. El *camino del campo* de Heidegger «guía tranquilamente a los pies por una senda transitable a través de la extensión de la tierra yerma».[60] La cosa y su fiabilidad aseguran que el hombre *haga pie* en la tierra. Los pies nos proporcionan otra pista del motivo por el que Heidegger se aferra tan decididamente a la mano. Las manos y los pies señalan el *lugar* del pensamiento de Heidegger. Lo ligan al orden terreno. El hombre sin manos del futuro es también un hombre sin pies. Abandona flotando la tierra hacia la nube digital.

La cosa de Heidegger es una cosa del mundo: «La cosa "cosea" mundo».[61] Este verbo para la cosa significa «reunir». La cosa «reúne» las referencias plenas de sentido en las que la existencia humana se halla integrada. Heidegger llama al sistema del mundo, que funda el sentido, el «Geviert» [cuaterna]. El mundo se compone de cuatro partes: por un lado, «tierra» y «cielo», y, por otro, «las deidades» y los «mortales». Cosas son para Heidegger «arroyo y montaña», «garza y corzo», «espejo y hebilla», «libro y cuadro» o «corona y cruz».[62] Las abundantes *aliteraciones* de los vocablos alemanes [«Bach und Berg», «Reiher und Reh», «Spiegel und Spange», «Buch und Bild» o «Krone und Kreuz»] sugieren un orden sencillo del mundo que se refleja en las cosas. Heidegger nos exhorta a confiar en la *métrica*, en el *ritmo* del orden terreno, a abandonarnos al *peso del mundo*.

Heidegger insiste en la *medida interior* de la tierra. Para él existe una «aprobación y [un] ordenamiento»[63] más allá de la voluntad humana a los que el hombre debe ajustarse. La residencia en la tierra no es algo *producido*, sino *aceptado*. El último Heidegger pensaba en una *existencia sin cuidado*, un «estar seguro» que, no obstante, se sustrae a la voluntad humana: «Seguro, *securus*, *sine cura*, significa: sin cuidado. El cuidado tiene aquí la naturaleza de la autoimposición intencional por los caminos y con los medios de la producción incondicionada [...]. La seguridad es el reposo resguardado dentro del tejido de la completa percepción».[64]

Los seres humanos son, según Heidegger, seres «condicionados por las cosas». La «cosa» alberga el «tejido de la completa percepción», que cuida el sostén, la «seguridad». Se opone así resueltamente al incipiente orden digital, en el cual el mundo «se queda en un sistema de informaciones que pueden solicitarse».[65] El orden digital es lo no condicionado por las cosas, mientras que el orden terreno afirma el ser humano condicionado por las cosas: «El ser humano está a punto de abalanzarse sobre la totalidad de la tierra y su atmósfera, de arrancar y obtener para sí el escondido reino de la naturaleza bajo la forma de fuerzas [...]. Este mismo hombre rebelde es incapaz de decir sencillamente qué cosa *es*, de decir *qué es* eso de que una cosa *sea*».[66]

La mano de Heidegger está ligada al orden terreno. De ahí que no capte el futuro humano. Hace tiempo que el hombre no habita «tierra» y «cielo». Encaminado hacia el no ser condicionado, dejará atrás a los «mortales» y a las «deidades». Las *cosas últimas* (*ta éschata*) serán igualmente arrumbadas. El hombre se aventura en lo no-condicionado. Nos encaminamos hacia una era trans y poshumana en la que la vida humana será un *puro intercambio de información*. El hombre se deshace de su ser condicionado, de su facticidad, que, sin embargo, lo hace ser precisamente lo que es. El hombre procede del humus, esto es, de la tierra. La digitalización es un paso consecuente en el camino hacia la anulación de lo *humano*. Es probable que el futuro humano se halle preestablecido: *el hombre se anula para hacerse absoluto*.

LAS COSAS QUERIDAS

En *El principito*, de Antoine de Saint-Exupéry, hay una escena que ilustra lo que es una cosa querida. En ella, el pequeño príncipe encuentra un zorro. Invita a este a jugar con él. El zorro accede, pero no puede jugar con él, pues él no lo ha «domesticado». El pequeño príncipe pregunta al zorro qué es «domesticar» (*apprivoiser*). A esto responde el zorro: «Es algo demasiado olvidado [...] Significa crear lazos [...] Todavía no eres para mí más que un niño parecido a otros cien mil niños. Y no te necesito. Y tú tampoco me necesitas. No soy para ti más que un zorro parecido a otros cien mil zorros. Pero, si me domesticas, tendremos necesidad uno del otro. Tú serás para mí único en el mundo. Yo seré para ti único en el mundo...».

Hoy, los lazos fuertes pierden cada vez más importancia. Son, sobre todo, improductivos, porque los lazos débiles aceleran por sí solos el consumo y la comunicación. Así, el capitalismo destruye sistemáticamente los lazos. Las cosas queridas también son raras en la actualidad. Dejan paso a los artículos desechables. El zorro continúa: «Los hombres ya no tienen tiempo de conocer nada. Compran cosas ya hechas a los comerciantes. Pero, como no existen comerciantes de amigos, los hombres ya no tienen amigos». Hoy, Saint-Exupéry podría haber afirmado que ahora también hay comerciantes de amigos con nombres como Facebook o Tinder.

Solo después de su encuentro con el zorro, el principito se da cuenta de por qué su rosa es tan única para él: «Es a ella a quien protegí con el biombo [...]. Es a ella a quien escuché quejarse, o alabarse, o incluso a veces callarse». El principito le da tiempo a la rosa «escuchándola». *Escuchar* a *otro*. Quien verdaderamente escucha, presta atención sin reservas a otro. Cuando no se *presta atención* a otro, el yo vuelve a levantar su cabeza. La *debilidad metafísica por el otro* es constitutiva de la *ética del escuchar* como ética de la responsabilidad. El ego que se fortalece es incapaz de escuchar, porque en todas partes solo se oye hablar a sí mismo.

El corazón late ante el *otro*. También encontramos al *otro* en las cosas queridas. A menudo son un *regalo de otro*. Hoy no tenemos *tiempo para el otro*. El tiempo como *tiempo del yo* nos hace ciegos para el otro. Solo el *tiempo del otro* crea los lazos fuertes, la amistad y hasta la comunidad. Es el tiempo *bueno*. Así habla el zorro: «Es el tiempo que has perdido con tu rosa lo que hace a tu rosa tan importante [...] Los hombres han olvidado esta verdad [...] Pero tú no debes olvidarla. Eres responsable para siempre de lo que has domesticado. Eres responsable de tu rosa».

El zorro desea que el pequeño príncipe le visite siempre a la misma hora, que haga de la visita un rito. El principito le pregunta al zorro qué es un rito. A lo que el zorro responde: «Es algo también demasiado olvidado [...]. Es lo que hace que un día sea diferente de los otros días, una hora de las otras horas». Los ritos son técnicas temporales de clausura.[67] Hacen del ser-en-el mundo un estar-en-casa. Son en el tiempo lo que las cosas en el espacio. Estabilizan la vida estructurando el tiempo. Son *arquitecturas del tiempo*. De este modo, hacen que el tiempo sea habitable, incluso transitable, como una casa. El tiempo de hoy carece de una estructura sólida. No es una casa, sino una corriente. Nada la detiene. El tiempo del apresuramiento no es habitable.

Tanto los rituales como las cosas queridas son polos de descanso que estabilizan la vida. Las repeticiones los distinguen. La compulsión de la producción y el consumo suprime las repeticiones. Desarrolla la compulsión hacia lo nuevo. La información tampoco es repetible. Ya por su breve lapso de actualidad reduce la duración. Desarrolla una compulsión hacia estímulos siempre nuevos. En las cosas queridas no caben estímulos. Por eso son repetibles.

La expresión francesa *apprendre par cœur* (aprender de memoria) supone adquirir mentalmente algo por repetición. Solo las repeticiones llegan al corazón. También su *ritmo* se debe a la repetición. La vida de la que se ha alejado toda repetición carece de ritmo, de latido. También el ritmo estabiliza la psique. Da una forma al tiempo, que es en sí mismo un elemento inestable: «El ritmo es el éxito de la forma bajo la condición (adversa) de la temporalidad».[68] En la era de las emociones, de los arrebatos y de las experiencias, que son irrepetibles, la vida pierde forma y ritmo. Se torna radicalmente fugaz.

La era de las cosas queridas, la era del corazón, ha quedado atrás. El corazón pertenece al orden terreno. En la puerta de la casa que habitaba Heidegger se leía el versículo bíblico: «Por encima de todo guarda tu corazón, porque de él brota la vida».[69] También Saint-Exupéry invoca el poder del corazón que da *vida*. Al despedirse del pequeño príncipe, el zorro comparte un secreto: «Es muy simple: solo se ve bien con el corazón. Lo esencial es invisible a los ojos».

SILENCIO

Lo sagrado está ligado al *silencio*. Nos hace *escuchar*: «*Myein*, consagrar, significa etimológicamente "cerrar"; los ojos, pero, sobre todo, la boca. Al comienzo de los ritos sagrados, el heraldo "ordenaba" el "silencio" (*epitattei ten siopen*)».[1] Hoy vivimos en un *tiempo sin consagración*. El verbo fundamental de nuestro tiempo no es «cerrar», sino *abrir*, «los ojos, pero, sobre todo, la boca». La hipercomunicación, el ruido de la comunicación, desacraliza, profana el mundo. Nadie *escucha*. Cada individuo *se produce a sí mismo*. El silencio *no produce nada*. Por eso, el capitalismo no ama el silencio. El capitalismo de la información produce la compulsión de la comunicación.

El silencio agudiza la atención hacia el *orden superior*, que no tiene por qué ser un orden de dominación y poder. El silencio puede ser muy pacífico, incluso amistoso y profundamente gratificante. Es cierto que un poder dominante puede imponer el silencio a los sometidos. Pero el callar forzado no es silencio. En el verdadero silencio no hay coacción. No es opresivo, sino elevador. No roba, sino que regala.

Cézanne consideraba que la tarea del pintor es *hacer el silencio*. La *montagne* Sainte-Victoire se le aparecía como un *imponente macizo de silencio* al que debía *obedecer*. La verticalidad, la montaña que se *alza*, manda silencio. Cézanne cumplió el mandato de silencio retirándose por completo para no ser *nadie*. Se limitaba a ser *oyente*: «Toda su voluntad ha de ser de silencio. Debe hacer callar en él todas las voces de los prejuicios, olvidar, olvidar, hacer el silencio, ser un eco perfecto. Entonces se inscribirá todo el paisaje en su placa sensible».[2]

Escuchar es la actitud religiosa por excelencia. El *Hiperión* de Hölderlin así lo corrobora: «Todo mi ser enmudece y escucha cuando las delicadas ondas del aire juegan en mi pecho. Perdido en el inmenso azul, alzo a menudo la mirada al Éter y la dejo caer hacia el sagrado mar, y es como si un espíritu familiar me abriera los brazos, como si el dolor de la soledad se disolviera en la vida de la divinidad. Ser uno con todo es la vida de la divinidad, es el cielo del hombre. Ser uno con todo lo que vive, regresar, en un dichoso olvido de sí mismo, al todo de la naturaleza, es la cima de los pensamientos y las alegrías, es la sagrada cumbre de la montaña, el lugar del reposo eterno».[3] Ya no conocemos ese *enmudecimiento sagrado* que nos eleva a la vida de la divinidad, al cielo del hombre. El dichoso olvido de sí mismo da paso a la excesiva autoproducción del ego. La hipercomunicación digital, la conectividad ilimitada, no crea ninguna conexión, ningún mundo. Más bien aísla, acentúa la soledad.

El yo aislado, sin mundo, deprimido, se aleja de esa dichosa soledad, de esa sagrada cumbre de la montaña.

Hemos anulado toda trascendencia, todo orden vertical que reclame silencio. La verticalidad claudica ante la horizontalidad. Nada se *alza*. Nada *profundiza*. La realidad se allana en flujos de información y de datos. Todo se extiende y prolifera. El silencio es una manifestación de negatividad. Es *exclusivo*, mientras que el ruido es el resultado de una comunicación permisiva, extensiva y excesiva.

El silencio nace de la indisponibilidad. No disponer de nada estabiliza y acentúa la atención, despierta la mirada contemplativa. Esta tiene *paciencia* para lo *largo* y lo *lento*. Cuando todo está disponible y es alcanzable, la atención profunda no halla ocasión. La mirada no se detiene. Vagabundea como la de un cazador.

Para Nicolas Malebranche, la atención era la oración natural del alma. Hoy el alma ya no *reza*. *Se produce*. La comunicación extensiva dispersa el alma. Solo las actividades que se asemejan a la oración pueden conciliarse con el silencio. Pero la contemplación se opone a la producción. La compulsión de producir y comunicar destruye el recogimiento contemplativo.

Según Barthes, la fotografía debe «ser silenciosa». No le gustan las «fotografías estruendosas». «Para ver bien una foto vale más levantar la cabeza o cerrar los ojos.»[4] El *punctum*, esto es, la verdad de una fotografía, se revela en el silencio, cerrando los ojos. La información que persigue el *studium* es estruendosa.

Importuna a la percepción. Solo el silencio, los ojos cerrados, excita la *fantasía*. Barthes cita a Kafka: «Fotografiamos cosas para ahuyentarlas del espíritu. Mis historias son una forma de cerrar los ojos».[5]

Sin *fantasía* solo hay *pornografía*. La propia percepción muestra hoy rasgos pornográficos. En ella se produce como un contacto inmediato, una copulación de imagen y ojo. Lo *erótico* se hace realidad cerrando los ojos. Solo el silencio, la fantasía, abre a la subjetividad los profundos espacios interiores del *deseo*: «La subjetividad absoluta solo se consigue mediante un estado, un esfuerzo de silencio (cerrar los ojos es hacer hablar la imagen en el silencio). La foto me conmueve si la retiro de su charloteo ordinario [...]: no decir nada, cerrar los ojos [...]».[6] El desastre de la comunicación digital proviene del hecho de que no tenemos tiempo para cerrar los ojos. Los ojos se ven forzados a una «continua voracidad».[7] Pierden el silencio, la atención profunda. El alma ya no *reza*.

El ruido es una suciedad tanto acústica como visual. Contamina la atención. Michel Serres atribuye el ensuciamiento del mundo a la voluntad de apropiación de origen animal: «El tigre orina en las lindes de su territorio. Lo mismo que el león y el perro. Y, al igual que estos mamíferos carnívoros, muchos animales, nuestros primos, *marcan* su territorio con su orina densa y maloliente; también con sus ladridos o con sus [...] deliciosos cantos, como los pinzones y los ruiseñores».[8] Escupimos en la sopa para disfrutarla solos. El mundo está contaminado no solo por los excrementos y los residuos materiales, sino también por los residuos de la comunicación y la información. Está plagado de anuncios. Todo grita para llamar la atención: «[...] el planeta será completamente tomado por los residuos y las vallas publicitarias [...] en cada roca, en cada hoja de árbol, en cada parcela agrícola se implantarán anuncios; en cada planta se escribirán letras [...]. Como la catedral de la leyenda, todo quedará inundado por el tsunami de signos».[9]

Las no-cosas se anteponen a las cosas y las ensucian. La basura de la información y la comunicación destruye el paisaje silencioso, el lenguaje discreto de las cosas:

> Las letras y las imágenes imperiosas nos obligan a leer, mientras que las cosas del mundo imploran a nuestros sentidos que les den un significado. Las segundas ruegan; las primeras mandan. [...] Nuestros productos tienen ya un significado —banal— que es tanto más fácil de percibir cuanto menos elaborados sean, cuanto más cerca de los desechos estén. Los cuadros son desechos pictóricos; los logotipos, desechos de escritura; los anuncios, desechos visuales; los *spots* publicitarios, desechos musicales. Estos signos simples e inferiores se imponen por sí solos a la percepción y oscurecen el paisaje más delicado, discreto y mudo, que a menudo perece por no ser visto, pues es la percepción la que salva las cosas.[10]

La implantación digital en la red genera mucho ruido. La batalla por los territorios cede ante la batalla por la atención. La apropiación también adopta una forma muy diferente. Producimos incesantemente información para que a otros *les guste*. Los ruiseñores de hoy no tuitean para ahuyentar a los demás. Más bien tuitean para atraer a otros. No escupimos en la sopa para evitar que otros la disfruten. Nuestro lema es, más bien, compartir, *sharing*. Ahora queremos *compartirlo* todo con todo el mundo, lo cual conduce a un ruidoso tsunami de información.

Las cosas y los territorios determinan el orden terreno. No hacen ruido. El orden terreno es silencioso. El orden digital está dominado por la información. El silencio es ajeno a la información. Contradice su naturaleza. La información silenciosa es un oxímoron. La información nos roba el silencio imponiéndosenos y reclamando nuestra atención. El silencio es un fenómeno de la atención. Una atención profunda solo produce silencio. Pero la información tritura la atención.

Según Nietzsche, es propia de la «cultura aristocrática» la capacidad de «*no* reaccionar enseguida a un estímulo». Ella controla los «instintos que ponen obstáculos, que aíslan». «A lo extraño, a lo *nuevo* de toda especie se lo dejará acercarse con una calma hostil.» El «tener abiertas todas las puertas», el «estar siempre dispuesto a meterse, a *lanzarse* de un salto dentro de otros hombres y otras cosas», es decir, la «incapacidad de oponer resistencia a un estímulo», es una actitud destructiva para el espíritu. La incapacidad de «*no* reaccionar» es ya «enfermedad», «decadencia», «síntoma de agotamiento».[11] La permisividad y la permeabilidad totales destruyen la cultura aristocrática. Cada vez perdemos más los últimos instintos de aislamiento, la capacidad de decir no a los estímulos intrusos.

Es preciso distinguir dos formas de potencia. La potencia positiva consiste en hacer algo. La negativa es la disposición a no hacer *nada*. Pero no es idéntica a la incapacidad de hacer algo. No es una negación de la potencia positiva, sino una potencia independiente. Permite que el espíritu permanezca en calma contemplativa, es decir, preste una atención profunda. Sin esta potencia negativa, caemos en la *hiperactividad* destructiva. Nos hundimos en el ruido. El fortalecimiento de la potencia negativa por sí solo puede restablecer el silencio. Sin embargo, la compulsión imperante de comunicación, que resulta ser una compulsión de producir, destruye deliberadamente la potencia negativa.

Hoy *nos producimos* sin cesar. Esta *autoproducción* hace ruido. Guardar silencio significa *retirarse*. El silencio es también un fenómeno de *ausencia del nombre*. No soy *dueño de mí mismo, de mi nombre*. Soy un *invitado* en mi casa, solo soy el inquilino de mi *nombre*. Michel Serres guarda silencio deconstruyendo su nombre:

> Me llamo, en efecto, Michel Serres. Porque lo llaman mi nombre *propio*, mi idioma y la sociedad me hacen

> creer que soy el *propietario* de estas dos palabras. Mas yo conozco a cientos de Michels, Migueles, Michaels, Mikes o Mijaíls. Ellos mismos conocen Serres, Sierras. Junípero Serra [...] que provienen del nombre uraloaltaico de las montañas. Me he encontrado con homónimos exactos unas cuantas veces. [...] Así, los nombres propios a veces imitan o repiten nombres comunes, y a veces incluso lugares. Así, el mío cita el Mont-Saint-Michel en Francia, en Italia o en Cornualles, tres lugares encadenados. Habitamos sitios más o menos espléndidos. Me llamo Michel Serres, y no soy en absoluto propietario de este nombre, sino que él me tiene *alquilado*.[12]

La apropiación del nombre causa mucho ruido. El fortalecimiento del ego destruye el silencio. El silencio reina cuando me retiro, cuando me pierdo en lo *innominado*, cuando me vuelvo *débil*: «Blando, quiero decir aéreo y fugaz. Blando, quiero decir fuera de sí y débil. Blando, blanco. Blando, tranquilo».[13]

Nietzsche sabía que el silencio lleva aparejada la retirada del yo. Me enseña a escuchar y a prestar atención. Nietzsche opone a la apropiación ruidosa del nombre el «genio del corazón»: «El genio del corazón, que a todo lo que es ruidoso y se complace en sí mismo lo hace enmudecer y le enseña a escuchar, que pule las almas rudas y les da a gustar un nuevo deseo, el de estar quietas como un espejo, para que el cielo profundo se refleje en ellas [...] el genio del corazón, de cuyo contacto todo el mundo sale más rico [...] tal vez más inseguro, más delicado, más frágil, más quebradizo [...]».[14] El «genio del corazón» del que habla Nietzsche *no se produce*. Más bien, se retira a la *ausencia de nombre*. La voluntad de apropiación como voluntad de poder retrocede. El poder se convierte en *benevolencia*. El «genio del corazón» descubre *la fuerza de la debilidad*, que se expresa como *esplendor del silencio*.

Solo en el silencio, en el *gran silencio*, establecemos relación con lo *innominado*, que nos supera, y frente a lo cual palidece nuestro esfuerzo por apropiarnos del nombre. Por encima de este se eleva también ese genio «al que viene confiada la tutela de cada hombre en el momento de su nacimiento».[15] El genio permite que la vida sea algo más que una mísera supervivencia del yo. Representa un presente intemporal: «El rostro juvenil de Genius, sus alas largas y temblorosas, significan que él no conoce el tiempo [...]. Por eso el cumpleaños no puede ser la conmemoración de un día pasado, sino, como toda fiesta verdadera, la abolición del tiempo, epifanía y presencia del Genius. Esta presencia imborrable es lo que nos impide cerrarnos en una identidad sustancial: Genius es quien rompe la pretensión de Yo de bastarse a sí mismo».[16]

La percepción absolutamente silenciosa se asemeja a una imagen fotográfica con un tiempo de exposición muy largo. La fotografía del *Boulevard du Temple* de Daguerre presenta en realidad una calle parisina muy concurrida. Sin embargo, debido al tiempo de exposición extremadamente largo, típico del daguerrotipo, todo lo que se mueve se hace desaparecer. Solo es visible lo que permanece *quieto*. El *Boulevard du Temple* irradia una calma casi pueblerina. Además de los edificios y los árboles, solo se ve una figura humana, un hombre a quien limpian los zapatos, y por eso está quieto. La *percepción de lo temporalmente largo y lento* solo reconoce las cosas quietas. Todo lo que se apresura está condenado a desaparecer. El *Boulevard du Temple* puede interpretarse como un mundo visto con el ojo divino. A su mirada redentora solo aparecen los que permanecen en silencio contemplativo. *Es el silencio lo que redime.*

UNA DIGRESIÓN SOBRE LA GRAMOLA*

Una tarde de otoño de 2017, iba en bicicleta por el barrio de Schöneberg, en Berlín, cuando, de repente, cayó una fuerte lluvia. Iba demasiado rápido por la Crellestrasse, con ligera pendiente. Resbalé y acabé en el suelo. Mientras me esforzaba por volver a levantarme, vi frente a mí una tienda semiderruida con gramolas. Como hasta entonces solo había conocido la gramola por la literatura o el cine, una gran curiosidad me llevó a la tienda. El matrimonio mayor propietario de esta se sorprendió un poco por mi visita. Parecía que solo en raras ocasiones alguien se dejaba caer por allí. Me sentí como si estuviera soñando. Ante la gran cantidad de objetos y accesorios antiguos que había en la tienda, me quedé como fuera del tiempo. Quizá fuera también la dolorosa caída lo que puso mi percepción en un estado de desorientación. El accidente de bicicleta en el barrio de Schöneberg

* *Jukebox.* Aunque el empleo de este término es relativamente común, preferimos usar la palabra «gramola». *Cfr.* DRAE: «Nombre industrial de ciertos gramófonos eléctricos, instalados por lo general en establecimientos públicos y que, al depositar en ellos una moneda, hacen oír determinados discos». *(N. del T.)*

abrió una grieta temporal y me hizo viajar en el tiempo al *mundo de las cosas*.

La gracia de las gramolas me hechizaba. Fui mirando una tras otra como si estuviera en un país de cuento lleno de cosas maravillosas. La tienda se llamaba Jukeland. Las cosas resplandecían allí con una extraña belleza. Me llamó especialmente la atención una gramola AM1 de color turquesa. Era un modelo de los años cincuenta. En aquella *silver age*, las gramolas adoptaban elementos del diseño de automóviles, como el alerón trasero, el parabrisas panorámico o las luces traseras. Por eso parecen hoy un *oldtimer* con muchos cromados brillantes. Me enamoré inmediatamente de la gramola color turquesa con una gran ventana panorámica, y estaba del todo decidido a *poseerla*.

Cuando adquirí la gramola, vivía en un apartamento con solo un viejo piano de cola y una mesa metálica de reconocimiento como la que usan los médicos. El resto estaba vacío. En aquel entonces sentía la necesidad de vivir en un apartamento vacío. Ni el piano ni la mesa de reconocimiento rompían ese vacío. De hecho, lo reforzaban. Allí era yo una tercera cosa. Ser una cosa silenciosa y sin nombre en el espacio equivalía a una redención. El vacío no significa que no haya nada en el espacio. Es una intensidad, una presencia intensa. Es una manifestación espacial del silencio. El vacío y el silencio son hermanos. El silencio tampoco significa que no se oiga ningún sonido. Algunos sonidos pueden incluso acentuarlo. El silencio es una *forma intensa de la atención*. Cosas como el escritorio o el piano crean silencio al vincular y estructurar la atención. Hoy estamos rodeados de no-cosas, de distracciones informativas que fragmentan nuestra atención. Así destruyen el silencio, aunque sean silenciosas.

Puse la gramola en la habitación junto al viejo piano de cola. Aquellos días estaba practicando sin descanso al piano el *aria* de las *Variaciones Goldberg*. Una empresa muy difícil para alguien que nunca ha recibido clases de piano. Al piano me sentía como un niño que aprende a escribir. Hay algo de oración en aprender a escribir. Tardé más de dos años en poder tocar toda el aria de memoria. Desde entonces la repito como una oración. Aquella cosa hermosa con un ala ancha se convirtió en mi rueda de oración.

Por las noches solía ir al cuarto de música y escuchar la gramola en la oscuridad. La difusión multicolor de la luz en la rejilla del altavoz solo se aprecia plenamente en la oscuridad. Le da a la gramola algo de erotismo. La gramola ilumina la oscuridad con luces multicolores y crea una cosa mágica a la que me entregué.

La gramola hace que escuchar música sea una experiencia visual, auditiva y táctil muy placentera. Sin embargo, su uso es muy engorroso y requiere mucho tiempo. Como la gramola no está en funcionamiento continuo en mi casa, primero debo conectarla a la corriente. Las válvulas tardan en calentarse. Tras insertar una moneda, presiono cuidadosamente los botones. Entonces, todo el mecanismo se pone en marcha con un fuerte tableteo. Y, después de oírse el zumbido de la rueda de discos que se pone en movimiento, el brazo del cambiador de discos toma un disco y lo coloca con un movimiento preciso. Antes de que el brazo aterrice en el disco, roza un pequeño cepillo que limpia la aguja de polvo. Todo esto es como magia, una cosa mágica que siempre me asombra.

La gramola produce *ruidos de cosas*. Parece querer comunicar que es una cosa. Posee un cuerpo voluminoso. Su gimoteo sale de lo más hondo de su vientre, como si fuera la expresión de su voluptuosidad. El sonido digital carece de cualquier tipo de ruido de cosas. Es incorpóreo y plano. El sonido que produce la gramola con el disco y el amplificador de válvulas es muy distinto del sonido digital. Es *material* y *corpóreo*. El sonido *bronco* me conmueve, me pone la carne de gallina.

La gramola es un *otro* real que tengo *enfrente*, como lo es el pesado piano de cola. Cuando me pongo delante de la gramola o toco el piano, pienso: para ser felices necesitamos algo *enfrente* de nosotros que nos supere. La digitalización acaba con todo ese estar-algo-*enfrente*. Como resultado, perdemos la sensación de sostén y transporte, de que algo nos supera, de lo sublime en general. La ausencia de ese algo enfrente nos hace recurrir constantemente a nuestro ego, lo cual nos deja sin mundo, esto es, deprimidos.

La gramola me transportó a un mundo desconocido de música pop de los años sesenta y setenta. No me era familiar ni una sola de las canciones que aparecían en los títulos numerados. Así que, al principio, me limité a pulsar cualquier combinación de teclas y me dejé transportar a un mundo desconocido. Los títulos que se podían elegir eran «Cry», de Johnnie Ray, «Dream Lover», de Bobby Darin, «Wonderful World», de Sam Cooke, «In the Mood», de Glenn Miller, «Rama Lama Ding Dong», de The Edsels, «Ich weiss, es wird einmal ein Wunder geschehen», de Zarah Leander, «Here in My Heart», de Al Martino, «Then He Kissed Me», de The Crystals, o «Tell Me That You Love Me», de Paul Anka. Estos títulos me hicieron sospechar vagamente que el mundo debió de ser de algún modo más romántico, más soñador en aquella época que en la actualidad.

En el centro de la gramola está la placa roja que indica el dinero en marcos y céntimos para hacerla funcionar. Como soy el afortunado propietario de la gramola, tengo acceso a un botón que me permite saltarme la barrera del pago. Pero aún no lo he utilizado. El sonido característico que hace la moneda al caer forma parte de la gramola tanto como el traqueteo del disco. Es uno de esos hermosos sonidos de las cosas que no querría perderme. Sobre todo en la era de YouTube, me gusta especialmente pagar algo por una música bonita. La moneda es aquí el billete de entrada a un mundo encantado.

A pesar de toda la euforia, no dejo de preguntarme: ¿dónde habrá estado mi gramola durante toda su vida? Debe de haber tenido una vida agitada. Tiene huellas visibles de su historia. Me gusta ser el intérprete del destino, el fisonomista del mundo de las cosas. Tal vez mi silenciosa habitación no sea un lugar adecuado para la gramola. En mi escritorio, a veces siento su soledad, su abandono. A menudo me invade la sensación de que he arrancado la gramola de su lugar, de que la propiedad en este caso es un sacrilegio. Pero ¿dónde podría estar hoy la gramola? Después de todo, junto con las cosas perdemos *lugares*. Me consuelo pensando en que mi posesión salva a la gramola de su desaparición definitiva, en que la libero de la servidumbre de ser útil, que hago desaparecer su carácter de mercancía, transformándola en una cosa querida.

Para Peter Handke, la gramola no es algo aislado, sino una *entidad local*. Constituye el centro de un lugar. El protagonista de *Ensayo sobre el jukebox* sale a buscar «lugares con gramola». La gramola *reúne* y *sintoniza* en un *lugar*, como un centro de gravedad, todo lo que la rodea. Es *fundadora de un lugar*. Da al lugar *contornos silenciosos*. El lector es testigo de cómo la cosa se convierte en un lugar y en un mundo:

> La gramola está en el bar, bajo la ventana, abierta de par en par tras el calor del día; abierta también está la puerta, que da a las vías. Por lo demás, el local se encuentra casi desprovisto de muebles; los pocos que hay han sido apartados, y ya se está haciendo limpieza. En el suelo mojado de la terraza brillan las luces de la gramola, un resplandor que luego desaparece poco a poco

> al secarse. Muy pálido es el rostro de la camarera de la ventana en comparación con los bronceados de los pocos viajeros que esperan fuera. Luego, una vez ha salido el rápido Trieste-Venecia, el edificio aparece vacío; únicamente, en un banco, dos adolescentes que se pelean a voz en grito; su campo de juego es en ese momento la estación. De la oscuridad que hay entre los pinos de karst que hay más allá salen ya aleteando las mariposas nocturnas. Un largo tren de mercancías precintado pasa con ruidoso traqueteo; lo único claro son los pequeños precintos que los vagones tienen por fuera suspendidos de sus cordeles. Con el silencio que sigue —es el tiempo que transcurre entre las últimas golondrinas y los primeros murciélagos— empieza a sonar en aquel lugar la gramola.[1]

Handke llama explícitamente *cosa* a la gramola. Habla de «su cosa»,[2] de la «cosa del silencio»[3] o de la «cosa poderosa que brilla con los colores del arcoíris».[4] El protagonista está convencido de que hay un significado profundo de la cosa, que ahora se nos escapa por completo: «¿Significaba esto que él lamentaba la desaparición de sus gramolas, de esos objetos de ayer, que probablemente tampoco tendrían un segundo futuro? No. Solo quería retener y hacer valer lo que para uno podía significar una cosa, y, sobre todo, lo que podía emanar de una mera cosa, antes de que dejara de verla».[5]

Las cosas nos permiten ver el mundo. Ellas crean *visibilidades*, mientras que las no-cosas las destruyen.

Abren la *vista*, la *vista del lugar*. Ante la gramola, al narrador se le revelan figuras que de otro modo habrían escapado a su atención. Todos, tanto personas como animales, se transforman en los *habitantes*, en los *pobladores del lugar*. Se forma así un *cuadro del lugar*, en el que todo es adyacente, enmarcado en una *silenciosa comunidad de cosas*: «De pronto se ven por todas partes de la zona figuras que antes habían pasado inadvertidas. En el banco junto al boj, alguien duerme. En la hierba que hay detrás de los servicios se ha tendido un grupo de soldados sin equipaje alguno. En el andén de Udine, apoyado en un pilar, un negro corpulento, también sin equipaje, con solo camisa y pantalón, está absorto en la lectura de un libro. De la espesura de pinos al fondo, describiendo curvas, sale una y otra vez, una detrás de otra, una pareja de palomas. Podría creerse que todos los que hay aquí no son viajeros, sino los habitantes, o los residentes, de la zona de la estación».[6] Los pobladores del lugar van «sin equipaje». No viajan. *Permanecen* allí. De la cosa gramola emana la *magia de esa permanencia*.

Handke parece afirmar que la gramola confiere a todo lo que la rodea una *presencia* intensa. En la proximidad de la gramola, todo lo que es corriente se transforma en *acontecer de la presencia*. De la cosa emana una fuerza gravitatoria que conjunta y enraíza las apariencias fugaces en torno a la *presencia*. La producción de *presencia*, presencia reforzada, intensa, constituye la *magia de la cosa*:

> Junto a su cosa, todo lo que había alrededor cobraba una presencialidad muy peculiar. Cuando era posible, buscaba en aquellos locales un sitio para sentarse donde tuviera a la vista el espacio entero, y además una sección del exterior. Entonces, en comunión con la gramola, y animado por sus fantasías, sin aquel observar que le resultaba tan antipático, a menudo conseguía fortalecerse, o hacerse presente, también a las miradas de los demás. Y lo que de los demás se hacía presente no eran tanto las curiosidades o los estímulos como lo habitual y corriente, incluso las simples formas o colores acostumbrados, y este presente reforzado se le aparecía además como algo valioso —nada más precioso ni más digno de ser transmitido que todo aquello [...]. Aquello entonces *decía* algo, simplemente un hombre que caminaba, una mata que se movía, que el autobús que doblaba hacia la estación era amarillo, que el cruce de calles formaba un triángulo, que la camarera estaba de pie junto a la puerta, que la tiza para el taco estaba en el borde de la mesa de billar, que llovía y, y, y.[7]

La magia de la gramola consiste en que confiere presencia e intensidad a minucias, insignificancias, habitualidades y fugacidades. La cosa amplifica el *ser*. Las vistas fugaces reciben, por así decirlo, «articulaciones», incluso huesos y esqueleto. Así adquieren *duración*.

Otra gramola se describe como un caso particular. El protagonista se la encuentra en un local situado en un sótano de la calle Cervantes de Linares. El local es pequeño. Pero la gramola hace un milagro espacial. Sus sonidos amplían el espacio. Una de las propiedades esenciales de la cosa es que crea *espacio*:

> El dueño era un hombre mayor (que encendía la luz principal solo cuando entraba un cliente), casi siempre solo con la gramola. Esta tenía la particularidad de que todas las etiquetas tenían en blanco el espacio para los títulos [...]; solo había combinaciones de letras y cifras en su parte superior. Pero por todas partes había fundas de discos clavadas en la pared hasta el techo con las cifras correspondientes a los títulos escritas a mano, y así, después de encender el aparato, solo si se solicitaba, se podía poner el disco deseado —el vientre de la cosa, destripado, resultó estar lleno de ellos—. Tanto espacio se abría allí con el gemido monótono en las entrañas de acero, en el pequeño foso, tanta paz se extendía en aquel lugar entre los movimientos de los españoles y los de sus engranajes.[8]

Solo hasta cierto punto puedo aceptar la crítica de Heidegger a la técnica. Sin duda, Heidegger no incluiría la gramola en su colección de cosas. Ni siquiera aliteraciones como *Juwel* y *jukebox* ayudarían a que esta última alcanzara el estatus de cosa. La tecnología tiene un lado mágico. Hasta la metalurgia, lo primero que estudié, me parecía una alquimia. No por casualidad, Novalis estudió minería y mineralogía. En *Enrique de Ofterdingen*, el protagonista siente en las galerías subterráneas un «maravilloso deleite por las cosas que tienen una relación más estrecha con nuestra existencia secreta».[9]

La gramola es un autómata. Se suma a la larga tradición de autómatas musicales. A los románticos les fascinaban los autómatas. Un cuento de E.T.A. Hoffmann se titula «Los autómatas». El protagonista es un muñeco mecánico, un turco oracular. Da respuestas a preguntas, respuestas «que, con una mirada profunda a la individualidad del interrogador, eran unas veces secas, otras bastante divertidas, y de nuevo plenas de espíritu y sagacidad y admirablemente sabias, hasta el punto de resultar dolorosas».[10] La Alexa de Amazon no es un autómata, sino un infómata. Le falta por completo la magia de la cosa. Es muy posible que la inteligencia artificial pronto le enseñe también el oráculo, pero en forma de *computación* algorítmica. Y eso carece de toda magia. Cuando todo se vuelve calculable, la felicidad desaparece. La felicidad es un acontecer que escapa a todo cálculo. Hay una íntima conexión entre la magia y la felicidad.[11] La vida calculable y optimizada está ayuna de magia y, por tanto, de felicidad.

Mi gramola es a medias de metal, porque es de la *silver age*. Su cuerpo es realmente hermoso. Los metales son un material fascinante. Durante años estudié su misterioso funcionamiento interno. Mientras estudiaba metalurgia, a menudo me sorprendía que los metales se comportaran como organismos vivos. Por ejemplo, son muy ricos en transformaciones. Se pueden escribir unas *Metamorfosis* sobre los metales.

En mi estantería, el libro *Transformations in Metals*, de Paul G. Shewmon, se encuentra junto a libros de filosofía. Es el último que leí mientras estudiaba metalurgia antes de decidirme a estudiar filosofía. Lo guardo como un recuerdo. Si lo hubiera leído como libro electrónico, tendría una cosa querida menos que tomar de vez en cuando como recuerdo. Sí, las cosas hacen que el tiempo sea tangible, mientras que los rituales lo hacen transitable. El papel amarillento y su olor caldean mi corazón. La digitalización destruye los recuerdos y los contactos.

Probablemente sea un error creer que la materia no está viva. Me fascina la materia. Hoy estamos completamente ciegos para la *magia de la materia*. La desmaterialización digital del mundo es dolorosa para el amante de la materia. Puedo estar de acuerdo con Barthes en que todo metal de la alquimia «es viviente». La «prodigiosa idea de una *Vida no orgánica*», escribe Deleuze en *Mil mesetas*, es la «intuición de la metalurgia».[12] El metalúrgico todo lo encuentra animado. Es un *romántico*, «itinerante, puesto que sigue la materia del subsuelo». Sobre la metalurgia como alquimia, escribe Deleuze: «La relación de la metalurgia con la alquimia no se basa, como creía Jung, en el valor simbólico del metal y su correspondencia con un alma orgánica, sino en la potencia inmanente de corporeidad en toda la materia y en el espíritu de cuerpo que la acompaña».[13]

En el curso de la digitalización hemos perdido toda conciencia de los materiales. Una nueva «romantización» del mundo tendría que presuponer su rematerialización. Explotamos la Tierra de forma tan brutal porque declaramos muerta a la materia y degradamos la tierra a recursos. La «sostenibilidad» por sí sola no basta para revisar fundamentalmente nuestra relación con la Tierra. Lo que se necesita es una *concepción distinta del todo de la Tierra y de la materia.* En su libro *Vibrant Matter*, la filósofa estadounidense Jane Bennett parte de la base de que «la imagen de una materia muerta o completamente instrumentalizada alimenta la *hybris* humana y nuestras fantasías de conquista y consumo que destruyen la Tierra».[14] La ecología debe ir precedida de una nueva *ontología de la materia* que la experimente como algo vivo.

La música de la gramola es, como la Fotografía de Barthes, un *ectoplasma*, una *emanación* del referente. Tiene algo que ver con la resurrección. Los muertos, devueltos a la vida, entran en el escenario giratorio. Yo quise revivir en especial a la cantante francesa Barbara por medio de la gramola. La quiero mucho. Hace unos años, me propuse hacer un documental sobre ella. Así que, en el vigésimo aniversario de su muerte, viajé a París con mi cámara de cine. Hice unas tomas de los lugares de París donde Barbara cantaba, delante de su casa en la rue Vitruve, ante su tumba en el cementerio de Bagneux o en el Pont Neuf. La gramola hace que Barbara vuelva a estar físicamente presente. Es un *medio de presencia*. Percibo los surcos visibles de los discos como huellas de su cuerpo. Son las vibraciones que emanan de su cuerpo grácil.

Compré discos de Barbara para la gramola por toda Europa. Los vendedores eran siempre amigos de las cosas. Un hombre de Bélgica, al que compré el disco *Dis, quand reviendras-tu?*, pegó treinta hermosos sellos belgas antiguos en su envío. Y así hizo de este algo hermoso. Incluso reconocí un sello. Pertenecía a la colección de sellos de mi infancia.

El envío desde Bélgica ha encontrado sitio en un cajón junto a otras cosas hermosas: un viejo reloj de bolsillo finamente cincelado que adquirí hace treinta y cinco años, cuando estudiaba en Friburgo, un reloj de pulsera Junghans de plata que compró para mí un amigo (que lleva el mismo reloj), una lupa Jugendstill que utilizo para leer una antigua Biblia de Lutero con cierres de cuero, un pequeño cenicero portátil con una rosa tricotada, una pitillera *art decó* que me regalaron por mi cumpleaños hace muchos años y un sello de madera con los tres caracteres chinos de mi nombre. Un fabricante de sellos coreano lo hizo con una madera especial. Proviene de una palmera datilera que fue alcanzada por un rayo. Se decía que tenía poderes mágicos. Se supone que protege contra el mal. El fabricante de sellos fue regalándome unas cuantas piezas pequeñas más de esta inusual madera. Llevo una de ellas en mi monedero. Esa pequeña cosa de madera es mi amuleto.

En el pasado, los japoneses solían despedirse de las cosas que habían tenido un uso personal durante mucho tiempo, como las gafas o los pinceles para escribir, con una ceremonia en el templo. Hoy, quizá sean pocas las cosas a las que daríamos una digna despedida. Ahora las cosas están casi muertas. No se utilizan, sino que se consumen. Solo el uso prolongado da un alma a las cosas. Solo las cosas queridas están animadas. Flaubert quiso ser enterrado con su tintero. Pero la gramola es demasiado grande para llevármela a la tumba. Mi gramola es, creo, tan vieja como yo. Pero seguro que me sobrevivirá. Hay algo que consuela en este pensamiento…

NOTAS

DE LA COSA A LA NO-COSA

1 Hannah Arendt, *Vita activa oder Vom tätigen Leben*, Múnich, Piper, 1981, p. 125. [Traducción extraída de: Hannah Arendt, *La condición humana*, Barcelona, Paidós, 2016, p. 158, trad. de Ramón Gil Novales.]

2 Vilém Flusser, *Dinge und Undinge. Phänomenologische Skizzen*, Múnich, Hanser, 1993, p. 81. [Hay trad. cast. parcial: *Vilém Flusser y la cultura de la imagen. Textos escogidos,* «Lengua y realidad», Breno Onetto Muñoz, ed., Valdivia (Chile), Universidad Austral de Chile (UACh), 2016.]

3 H. Arendt, *Vita activa…*, p. 125. [*Ibid.*, p. 158.]

4 Niklas Luhmann, «Entscheidungen in der "Informationsgesellschaft"», <https://www.fen.ch/texte/gast_luhmann_informationsgesellschaft.htm>.

5 Desde hace varias décadas, los estudios culturales muestran un interés creciente por observar las cosas. Pero el interés teórico por las cosas no indica que estas se estén volviendo más importantes en el mundo cotidiano. Que las cosas se erijan en objetos de reflexión teórica es precisamente un signo de su desaparición.

Los cantos de alabanza a las cosas son en realidad sus cantos de cisne. Desterradas del mundo de los vivos, buscan refugio en la teoría. «Material culture» y «material turn» también pueden verse como reacciones a la desmaterialización y desreificación de la realidad por obra de la digitalización.

6 Jean Baudrillard, *Das Andere selbst*, Viena, Passagen, 1994, p. 11. [Traducción extraída de: Jean Baudrillard, *El otro por sí mismo*, Barcelona, Anagrama, 2006, p. 10, trad. de Joaquín Jordá.]

7 Luciano Floridi, *Die 4. Revolution. Wie die Infosphäre unser Leben verändert*, Berlín, Suhrkamp, 2015, p. 129 y ss.

8 Eric Schmidt y Jared Cohen, *Die Vernetzung der Welt. Ein Blick in unsere Zukunft*, Reinbek, Rowohlt, 2013, p. 48 y ss.: «Tu casa es una orquesta electrónica, y tú eres el director. Con un simple movimiento de la mano y órdenes habladas, puedes controlar la temperatura, la humedad, la música y la iluminación. Hojeas las noticias del día en una pantalla translúcida, mientras tu armario automatizado te proporciona un traje recién planchado porque en tu agenda figura una cita importante para hoy. [...] Tu ordenador central te propone una serie de tareas domésticas para que tus robots de servicio las realicen hoy, y tú aceptas todas las propuestas. [...] Todavía tienes un poco de tiempo antes de salir de casa; por supuesto, viajarás en tu coche sin conductor al lugar de tu trabajo. Tu coche conoce tu calendario y sabe cuándo tienes que estar en la oficina cada mañana; tras evaluar la situación del tráfico, se comu-

nica con tu reloj de pulsera: te quedan sesenta minutos para salir. [...] Puede que cojas una manzana a la salida y te la comas en el asiento trasero de tu coche mientras te lleva al trabajo».

9 Hannah Arendt, «Wahrheit und Politik», en *Zwischen Vergangenheit und Zukunft. Übungen im politischen Denken I*, Múnich, Piper, 2000, pp. 327-370, p. 370. [Traducción extraída de: Hannah Arendt, «Verdad y política», en *Entre el pasado y el futuro. Ocho ejercicios sobre la reflexión política*, Barcelona, Península, 1996, pp. 239-277, p. 277, trad. de Ana Poljak.]

10 Georg Wilhelm Friedrich Hegel, *Jenaer Systementwürfe III. Naturphilosophie und Philosophie des Geistes*, Hamburgo, Meiner, 1987, p. 189 y ss. [Traducción extraída de: Georg Wilhelm Friedrich Hegel, *Filosofía real*, José María Ripalda, ed., México, Fondo de Cultura Económica, 1984, p. 169.]

11 Vilém Flusser, *Medienkultur*, Frankfurt, Fischer, 1997, p. 187.

12 V. Flusser, *Dinge und Undinge...*, p. 84.

13 Friedrich Nietzsche, *Also sprach Zarathustra. Ein Buch für Alle und Keinen*, Kritische Studienausgabe in 15 Bänden, Giorgio Colli y Mazzino Montinari, eds., Múnich, Berlín, Nueva York, DTV-de Gruyter, 1999, vol. 4, p. 20. [Traducción extraída de: Friedrich Nietzsche, *Así habló Zaratustra*, «Prólogo de Zaratustra», §5, Madrid, Alianza, 1972, pp. 39-40, trad. de Andrés Sánchez Pascual.]

14 V. Flusser, *Dinge und Undinge...*, p. 87.

15 *Ibid.*, p. 88.

DE LA POSESIÓN A LAS EXPERIENCIAS

1 Erich Fromm, *Haben oder Sein*, Stuttgart, DVA, 1976, p. 106. [Hay trad. cast.: *¿Tener o ser?*, Buenos Aires, Fondo de Cultura Económica, 2013, trad. de Carlos Valdés.]
2 Jeremy Rifkin, *Access. Das Verschwinden des Eigentums*, Frankfurt, 2000, p. 13 y ss. [Hay trad. cast.: *La era del acceso. La revolución de la nueva economía*, Barcelona, Paidós, 2000, p. 17 y pp. 26-27., trad. de José Francisco Álvarez y David Teira.]
3 V. Flusser, *Dinge und Undinge…*, p. 82.
4 Walter Benjamin, *Denkbilder*, *Gesammelte Schriften*, vol. IV, I, Frankfurt, Suhrkamp, 1972, pp. 305-438; aquí, p. 396. [Hay trad. cast.: «Imágenes que piensan», *Obras*, libro IV, vol. 1, Madrid, Abada, 2010, pp. 249-389, trad. de Jorge Navarro Pérez.]
5 Walter Benjamin, *Das Passagenwerk, Gesammelte Schriften*, vol. V, I, Frankfurt, Suhrkamp, 1982, p. 53. [Hay trad. cast.: «Obra de los pasajes», *Obras*, libro V, vol. 1, Madrid, Abada, 2013, p. 65, trad. de Juan Barja.]
6 *Ibid.*
7 W. Benjamin, *Denkbilder…*, p. 389.
8 *Ibid.*

SMARTPHONE

1 Walter Benjamin, *Berliner Kindheit um Neunzehnhundert*, *Gesammelte Schriften*, vol. IV, I, Frankfurt,

Suhrkamp, pp. 235-304; aquí, p. 243. [Traducción extraída de: Walter Benjamin, «Teléfono», *Infancia en Berlín hacia 1900*, 2.ª ed., Madrid, Alfaguara, 1982, pp. 26-27, trad. de Klaus Wagner. *Cfr.* Walter Benjamin, «El teléfono», *Obras*, libro IV, vol. 1, Madrid, Abada, 2010, p. 186, trad. de Jorge Navarro Pérez.]

2 Roland Barthes, *Mythen des Alltags*, Frankfurt, Suhrkamp, 2010, p. 198. [Traducción extraída de: Roland Barthes, *Mitologías*, México, Siglo XXI, 2002, p. 156, trad. de Héctor Schmucler.]

3 Martin Heidegger, *Holzwege*, Frankfurt, V. Klostermann, 1950, p. 82. [Hay trad. cast.: *Caminos de bosque*, Madrid, Alianza, 2010, pp. 73-74, trad. de Helena Cortés y Arturo Leyte.]

4 Ernst Troeltsch, «Epochen und Typen der Sozialphilosophie des Christentums», *Gesammelte Schriften*, H. Baron, ed., Tubinga, J. C. B. Mohr (Paul Siebeck), 1925, vol. 4, *Aufsätze zur Geistesgeschichte und Religionssoziologie*, pp. 122-155; aquí, p. 134.

5 E. Troeltsch, *Epochen und Typen der Sozialphilosophie des Christentums...*, p. 135.

6 Shoshana Zuboff, *Das Zeitalter des Überwachungskapitalismus*, Frankfurt, Campus, 2018, p. 599. [Hay trad. cast.: *La era del capitalismo de la vigilancia. La lucha por un futuro humano frente a las nuevas fronteras del poder*, Barcelona, Paidós, 2020, trad. de Albino Santos.]

7 Donald Winnicott, *Vom Spiel zur Kreativität*, Stuttgart, Klett-Cotta, 1975, p. 11. [Hay trad. cast.: *Realidad y juego*, Barcelona, Gedisa, 1972, trad. de Floreal Mazía.]

8 Tilmann Habermas, *Geliebte Objekte. Symbole und Instrumente der Identitätsbildung*, Berlín y Nueva York, de Gruyter, 1996, p. 325.
9 *Ibid.*, p. 336.
10 *Ibid.*, p. 337.

SELFIS

1 Roland Barthes, *Die helle Kammer*, Frankfurt, Suhrkamp, 1985, p. 104. [Traducción extraída de: Roland Barthes, *La cámara lúcida. Nota sobre la fotografía*, Barcelona, Paidós, 1990, pp. 143-144, trad. de Joaquim Sala-Sanahuja.]
2 *Ibid.*, p. 90. [*Ibid.*, p. 126.]
3 *Ibid.*, p. 91. [*Ibid.*, p. 127.]
4 *Ibid.*, p. 92. [*Ibid.*, p. 129.]
5 *Ibid.*, p. 91 [*Ibid.*, p. 128]
6 Giorgio Agamben, *Profanierungen*, Frankfurt, Suhrkamp, 2005, p. 22. [Traducción extraída de: *Profanaciones*, Barcelona, Anagrama, 2005, p. 34, trad. de Edgardo Dobry.]
7 *Ibid.*, p. 21. [*Ibid.*, pp. 33 y 34.]
8 *Ibid.*, p. 20. [*Ibid.*, p. 32-33.]
9 R. Barthes, *Die helle Kammer...*, p. 97. [*Ibid.*, p. 134.]
10 *Ibid.*, p. 90. [*Ibid.*, p. 126.]
11 Wim Wenders, 4Real & True2. *Landschaften. Photographien*, Düsseldorf, Stiftung Museum Kunstpalast, 2015, p. 229.
12 R. Barthes, *Die helle Kammer...*, p. 93 y ss. [*Ibid.*, p. 130.]

13 Walter Benjamin, *Das Kunstwerk im Zeitalter seiner technischen Reproduzierbarkeit*, en *Gesammelte Schriften*, vol. VII, I, Frankfurt, Suhrkamp, 1989, 350-384, p. 360. [*Cfr: La obra de arte en la época de su reproductibilidad técnica*, segunda redacción, *Obras*, libro VII, vol. I, Madrid, Abada, en publicación.]

INTELIGENCIA ARTIFICIAL

1 Hubert L. Dreyfus, *Die künstliche Intelligenz. Was Computer nicht können*, Königstein im Taunus, Athenäum, 1985, p. 226.

2 M. Heidegger, *Sein und Zeit*, Tubinga, 1993, p. 137. [Hay trad. cast.: *Ser y tiempo*, Madrid, Trotta, 2012, trad. de Jorge Eduardo Rivera.]

3 Martin Heidegger, *Die Grundbegriffe der Metaphysik. Welt-Endlichkeit-Einsamkeit, Gesamtausgabe*, vols. 29/30, Frankfurt, V. Klostermann, 1983, p. 195. [Hay trad. cast.: *Los conceptos fundamentales de la metafísica. Mundo, finitud, soledad*, Madrid, Alianza, 2007, trad. de Joaquín Alberto Ciria Cosculluela.]

4 Martin Heidegger, *Beiträge zur Philosophie (Vom Ereignis), Gesamtausgabe*, vol. 65, Frankfurt, V. Klostermann, 1989, p. 21. [Hay trad. cast.: *Aportes a la filosofía, Acerca del evento*, Buenos Aires, Almagesto-Biblos, 2003, trad. de Dina V. Picotti.]

5 Martin Heidegger, *Was ist das – die Philosophie?*, Pfullingen, Neske, 1956, p. 23. [Hay trad. cast.: *¿Qué es la*

filosofía?, Barcelona, Herder, 2013, trad. de Jesús Adrián Escudero.]

6 M. Heidegger, *Die Grundbegriffe der Metaphysik...*, p. 103.

7 M. Heidegger, *Beiträge zur Philosophie...*, p. 21.

8 M. Heidegger, *Was ist das – die Philosophie?...*, p. 41 y s.

9 Martin Heidegger, *Was heisst Denken?*, Tubinga, Niemeyer, 1984, p. 173. [Hay trad. cast.: *¿Qué significa pensar?*, Madrid, Trotta, 2005, trad. de Raúl Gabás.]

10 Martin Heidegger, *Höderlins Hymne «Der Ister»*, *Gesamtausgabe*, vol. 53, Frankfurt, V. Klostermann, 1984, p. 134.

11 H. L. Dreyfus, *Die Grenzen künstlicher Intelligenz...*, p. 230.

12 Georg Wilhelm Friedrich Hegel, *Enzyklopädie der philosophischen Wissenschaften im Grundrisse 1830*, primera parte: *Die Wissenschaft der Logik*, *Werke in zwanzig Bänden*, Eva Moldenhauer y Karl Markus Michel (eds.), Frankfurt del Meno, Suhrkamp, 1970, vol. 8, p. 302. [Hay trad. cast.: *Enciclopedia de las ciencias filosóficas en compendio. Para uso de sus clases*, Madrid, Alianza, 1997, trad. de Ramón Valls Plana.]

13 *Ibid.*, p. 318.

14 *Ibid.*, p. 332.

15 Martin Heidegger, *Vorträge und Aufsätze*, Pfullingen, Neske, 1954, p. 221. [Hay trad. cast.: *Conferencias y artículos*, Barcelona, Ediciones del Serbal, 1994, p. 199, trad. de Eustaquio Barjau.]

16 *Briefe Martin Heideggers an seine Frau Elfriede 1915-1970*, Múnich, DVA, 2005, p. 264. [Hay trad. cast.: Martin Heidegger, *¡Alma mía! Cartas a su mujer Elfride*

(1915-1979), Buenos Aires, Manantial, 2008, trad. de Sebastián Sfriso.]

17 <www2.univ-paris8.fr/deleuze/article.php3?id_article=131>.

18 Gilles Deleuze y Félix Guattari, *Was ist Philosophie?*, Frankfurt, Suhrkamp, 2000, p. 71. [Trad. extraída de: *¿Qué es la filosofía?*, Barcelona, Anagrama, 2006, p. 63, trad. de Thomas Kauf.]

VISTAS DE LAS COSAS

1 Francis Ponge, *Schreibpraktiken oder Die stetige Unfertigkeit* [*Pratiques d'écriture ou l'inachèvement perpétuel*], Múnich, Hanser, 1988, p. 69.

2 Jacques Derrida, *Signéponge/Signsponge*, Nueva York, Columbia University Press, 1984, p. 13, trad. de Richard Rand.

3 Matthew B. Crawford, *Die Wiedergewinnung des Wirklichen. Eine Philosophie des Ichs im Zeitalter der Zerstreuung*, Berlín, Ullstein, 2016, p. 111 y ss.

4 Dorothee Kimmich, *Lebendige Dinge in der Moderne*, Constanza, Konstanz University Press, 2011, p. 92.

5 Ernst Bloch, *Spuren*, Frankfurt, Suhrkamp, 1985, p. 174. [Traducción extraída de: «La espalda de las cosas», *Huellas*, Madrid, Tecnos-Alianza, 2005, pp. 143-145, p. 145, trad. de Miguel Salmerón.]

6 *Ibid.*, p. 172. [*Ibid.*, pp. 143-144.]

7 Friedrich Theodor Vischer, *Auch Einer. Eine Reisebekanntschaft*, vol. 1, Stuttgart, Leipzig, 1879, p. 32 y s.

8 Robert Musil, *Die Verwirrungen des Zöglings Törless*, *Gesammelte Werke*, A. Frisé, ed., Hamburgo, Rowohl, 1978, vol. 2, *Prosa und Stücke*, pp. 7-140; aquí, p. 91. [Hay trad. cast.: *Las tribulaciones del estudiante Törless*, Barcelona, Seix Barral, 1982, trad. de Roberto Bixio y Feliu Formosa.]

9 *Ibid.*, p. 89.

10 Jean-Paul Sartre, *Der Ekel*, Reinbek, Rowohlt, 2004, p. 20. [Traducción extraída de: *La náusea*, Madrid, Alianza, 1995, p. 20, trad. de Aurora Bernárdez.]

11 Jean-Paul Sartre, *Das Sein und das Nichts. Versuch einer phänomenologischen Ontologie*, Reinbek, Rowohlt, 1952, p. 344. [Hay trad. cast.: *El ser y la nada*, Buenos Aires, Losada, 2005.]

12 Rainer Maria Rilke, *Tagebücher aus der Frühzeit*, Frankfurt, Insel, 1973, p. 131 y ss. [Hay trad. cast.: *Diarios de juventud*, Valencia, Pre-Textos, 2000, trad. de Eduardo Gil Bera.]

13 Walter Benjamin, *Einbahnstrasse*, *Gesammelte Schriften*, vol. IV. I, Frankfurt, Suhrkamp, pp. 83-148; aquí, p. 99. [Traducción extraída de: *Calle de dirección única*, *Obras*, libro IV, vol. 1, Madrid, Abada, 2010, p. 39, trad. de Jorge Navarro Pérez.]

14 Martin Buber, *Ich und Du*, Stuttgart, Reclam, 1995, p. 5. [Hay trad. cast.: *Yo y tú*, Barcelona, Herder, 2017, trad. de Carlos Díaz Hernández.]

15 Franz Kafka, *Briefe an Milena*, W. Haas, ed., Frankfurt, Fischer, 1983, p. 302. [Hay trad. cast.: *Cartas a Milena*, Madrid, Alianza, 1984, trad. de J. R. Wilcock.]

16 Gumbrecht señala con razón «la tendencia imperante en la cultura contemporánea a abandonar la posibilidad de una relación con el mundo basada en la presencia, e incluso a borrarla de la memoria» (Hans Ulrich Gumbrecht, *Diesseits der Hermeneutik. Die Produktion von Präsenz*, Frankfurt, Suhrkamp, 2004, p. 12).

17 Hugo von Hofmannsthal, *Eine Monographie*, *Gesammelte Werke*, B. Schoeller, ed., Frankfurt, Fischer, 1986, *Reden und Aufsätze*, 1, pp. 479-483; aquí, p. 479.

18 Hugo von Hofmannsthal, *Ein Brief*, *Gesammelte Werke*, B. Schoeller, ed., Frankfurt, Fischer, *Erzählungen, erfundene Gespräche und Briefe*, pp. 461-472; aquí, p. 467. [Hay trad. cast.: *Carta de lord Chandos*, Murcia, Colegio Oficial de Aparejadores y Arquitectos Técnicos, 1996, trad. de José Quetglas.]

19 *Ibid.*, p. 471.

20 *Ibid.*, p. 470 y s.

21 *Ibid.*, p. 469.

22 *Ibid.*

23 *Ibid.*, p. 471.

24 *Ibid.*, p. 472.

25 R. Barthes, *Die helle Kammer*…, p. 36. [*Ibid.*, pp. 59-60.]

26 *Ibid.*, p. 37. [*Ibid.*, p. 60.]

27 *Ibid.*, p. 35. [*Ibid.*, p. 58.]

28 *Ibid.*, p. 60 y s. [*Ibid.*, p. 90.]

29 *Ibid.*, p. 35. [*Ibid.*, p. 58.]

30 *Ibid.*, p. 51. [*Ibid.*, p. 77.]

31 *Ibid.*, p. 68. [*Ibid.*, p. 96.]

32 Sigmund Freud, *Entwurf einer Psychologie*, *Gesammelte Werke*, Nachtragsband. Texte aus den Jahren 1885-1938,

Frankfurt, Fischer, 1987, pp. 375-486; aquí, p. 426 y s. [Hay trad. cast.: «Proyecto de psicología» (1950 [1895]), *Obras completas* (OC), vol. I, p. 323 y ss., trad. de José Luis Etcheverry, Buenos Aires, Amorrortu, 1976.]

33 Jacques Lacan, *Seminar. Die Ethik der Psychoanalyse*, Weinheim y Berlín, Quadriga, 1996, p. 59. [Hay trad. cast.: «La ética del psicoanálisis», *El Seminario de Jacques Lacan*, libro 7, Buenos Aires, Paidós, 1988, trad. de Diana S. Rabinovich.]

34 R. Barthes, *Die helle Kammer*, p. 68. [*Ibid.*, p. 96 y p. 99.]

35 Rainer Maria Rilke y Lou Andreas-Salomé, *Briefwechsel*, Frankfurt, 1975, p. 105. [Hay trad. cast. parcial: *Correspondencia*, Barcelona, Olañeta, 1981, trad. de José María Fouce Fernández.]

36 Roland Barthes, *Die Lust am Text*, Frankfurt, Suhrkamp, 2010, p. 19. [Traducción extraída de: Roland Barthes, *El placer del texto,* Buenos Aires y Madrid, Siglo XXI, 1974, p. 18, trad. de Nicolás Rosa.]

37 Robert Walser, *Briefe*, Zúrich y Frankfurt, Suhrkamp, 1979, p. 266.

38 F. Ponge, *Schreibpraktiken...*, p. 82.

39 *Ibid.*, p. 13.

40 Roland Barthes, «Die Rauheit der Stimme», *Der entgegenkommende und der stumpfe Sinn, Kritische Essays,* III, Frankfurt, Suhrkamp, 1990, pp. 269-278; aquí, p. 272. [Traducción extraída de: «El "grano" de la voz», *Lo obvio y lo obtuso. Imágenes, gestos, voces*, Barcelona, Paidós, 2002, pp. 262-271, p. 265, trad. de C. Fernández Medrano.]

41 *Ibid.*, p. 271. [*Ibid.*, p. 264.]

42 Maurice Merleau-Ponty, *Das Auge und der Geist. Philosophische Essays*, Hamburgo, Felix Meiner, 2003, p. 17. [Traducción extraída de: «La duda de Cézanne», *Sentido y sinsentido*, Barcelona, Península, 1977, p. 46, trad. de Narcís Comadira.]

43 La politización del arte contribuye al desencantamiento del arte. *Cfr.* Robert Pfaller, *Die blitzenden Waffen. Über die Macht der Form*, Frankfurt, Fischer, 2020, p. 93.

44 John Berger, *Sehen. Das Bild der Welt in der Bilderwelt*, Reinbek, Rowohlt, 1974, p. 31. [Traducción extraída de: *Modos de ver*, Barcelona, Gustavo Gili, 2001, p. 39, trad. de Justo G. Beramendi.]

45 Jean Baudrillard, *Von der Verführung*, Múnich, Matthes & Seitz, 1992, p. 110. [Hay trad. cast.: *De la seducción*, Madrid, Cátedra, 1981, p. 76, trad. de Elena Benarroch.]

46 *Ibid.*, p. 111. [*Ibid.*, p. 77.]

47 Hannah Arendt y Martin Heidegger, *Briefe 1925-1975*, Frankfurt, V. Klostermann, 2002, p. 184. [Hay trad. cast.: *Correspondencia (1925-1975)*, Barcelona, Herder, 2017, trad. de Adan Kovacsics.]

48 M. Heidegger, *Was heisst Denken?...*, p. 50 y s.

49 Martin Heidegger, *Parmenides, Gesamtausgabe*, vol. 54, Frankfurt, V. Klostermann, 1982, p. 126. [Hay trad. cast.: *Parménides*, Madrid, Akal, 2005, trad. de Carlos Másmela.]

50 *Ibid.*, p. 119.

51 *Ibid.*

52 Martin Heidegger, *Johann Peter Hebel, Reden und andere Zeugnisse eines Lebensweges, 1910-1976, Gesamtausga-*

be, vol. 16, Frankfurt, V. Klostermann, 2000, pp. 530-533; aquí, p. 532.

53 M. Heidegger, *Holzwege*..., p. 318.

54 M. Heidegger, *Sein und Zeit*..., p. 69.

55 M. Heidegger, *Holzwege*..., p. 23.

56 M. Heidegger, *Holzwege*..., p. 22. [Traducción extraída de: *Caminos de bosque*, Madrid, Alianza, 1996, p. 19, trad. de Helena Cortés y Arturo Leyte.]

57 *Ibid.* [*Ibid.*, p. 18.]

58 *Ibid.*, p. 22 y s. [*Ibid.*, pp. 18-19.]

59 *Ibid.*, p. 23 y s. [*Ibid.*, p. 19.]

60 Martin Heidegger, *Aus der Erfahrung des Denkens 1910-1976, Gesamtausgabe*, vol. 13, Frankfurt, V. Klostermann, 1983, p. 87. [Hay trad. cast.: *Experiencias del pensar. 1910-1976*, Madrid, Abada, 2014, trad. de Francisco de Lara.]

61 M. Heidegger, *Vorträge und Aufsätze*..., p. 173.

62 *Ibid.*, p. 175.

63 M. Heidegger, *Holzwege*..., p. 337. [*Ibid.*, p. 272.]

64 *Ibid.*, p. 275. [*Ibid.*, p. 222.]

65 M. Heidegger, *Vorträge und Aufsätze*..., p. 26.

66 M. Heidegger *Holzwege*..., p. 343. [*Ibid.*, p. 277.]

67 Antoine de Saint-Exupéry, *Die Stadt in der Wüste. Citadelle*, Frankfurt, Karl Rauch, 1996, p. 26 y s. [Traducción extraída de: *El principito*, cap. XXI, Barcelona, Salamandra, 2001, trad. de Bonifacio del Carril.]

68 Hans Ulrich Gumbrecht, *Präsenz*, Frankfurt, Suhrkamp, 2012, p. 227.

69 Proverbios de Salomón, 4,23.

SILENCIO

1 Giorgio Agamben y Monica Ferrando, *Das unsagbare Mädchen. Mythos und Mysterium der Kore*, Frankfurt, Fischer, 2012, p. 11. [Hay trad. cast.: *La muchacha indecible. Mito y misterio de Kore*, Madrid, Sexto Piso, 2014, trad. de Ernesto Kavi.]

2 Paul Cézanne, *Über die Kunst, Gespräche mit Gasquet. Briefe*, Hamburgo, Rowohlt, 1957, p. 9. [Trad. extraída de: Joachim Gasquet, *Cézanne. Lo que vi y lo que me dijo*, Madrid, Gadir, 2019, pp. 163-164, trad. de Carlos Manzano.]

3 Friedrich Hölderlin, *Hyperion*, Stuttgart, Reclam, 1998, p. 9. [Hay trad. cast.: *Hiperión o el eremita en Grecia*, Madrid, Hiperión, 1978, trad. de Jesús Munárriz.]

4 R. Barthes, *Die helle Kammer...*, p. 62 y ss. [*Ibid.*, p. 93.]

5 *Ibid.*, p. 65. [*Ibid.*, pp. 93-94.]

6 *Ibid.* [*Ibid.*, p. 94.]

7 *Ibid.* [*Ibid.*, p. 95.]

8 Michel Serres, *Das eigentliche Übel, Verschmutzen, um sich anzueignen* [*Le mal propre. Polluer pour s'approprier?*], Berlín, Merve, 2009, p. 7.

9 *Ibid.*, p. 76.

10 *Ibid.*, p. 56 y s.

11 Friedrich Nietzsche, *Götzen-Dämmerung*, Kritische Studienausgabe in 15 Bänden, Giorgio Colli y Mazzino Montinari, eds., Múnich, Berlín, Nueva York, DTV-de Gruyter, 1999, vol. 6, p. 108 y s. [Traducción extraída de: «Lo que los alemanes están perdiendo»,

§6, *Crepúsculo de los ídolos*, Madrid, Alianza, 1973, pp. 83, trad. de Andrés Sánchez Pascual.]

12 M. Serres, *Das eigentliche Übel...*, p. 94.

13 *Ibid.*, p. 95.

14 Friedrich Nietzsche, *Jenseits von Gut und Böse*, Kritische Studienausgabe in 15 Bänden, Giorgio Colli y Mazzino Montinari, eds., Múnich, Berlín, Nueva York, DTV-de Gruyter, 1999, vol. 5, p. 237. [Traducción extraída de: «¿Qué es aristocrático?», §295, *Más allá del bien y del mal*, Madrid, Alianza, 1972, p. 252, trad. de Andrés Sánchez Pascual.]

15 G. Agamben, *Profanierungen...*, p. 7. [*Ibid.*, p. 9.]

16 *Ibid.*, p. 9 y s. [*Ibid.*, pp. 12-13.]

UNA DIGRESIÓN SOBRE LA GRAMOLA

1 Peter Handke, *Versuch über die Jukebox*, Frankfurt, Suhrkamp, 1993, p. 116 y s. [Hay trad. cast.: *Ensayo sobre el jukebox*, Madrid, Alianza, 1992, trad. de Eustaquio Barjau con la colaboración de Susana Yunquera.]

2 *Ibid.*, p. 102.

3 *Ibid.*, p. 85.

4 *Ibid.*, p. 16.

5 *Ibid.*, p. 110 y s.

6 *Ibid.*, p. 117 y s.

7 *Ibid.*, p. 102 y s.

8 *Ibid.*, p. 136 y s.

9 Novalis, *Heinrich von Ofterdingen*, *Schriften*, Paul Kluckhohn y Richard Samuel, (eds.), Stuttgart, Kohl-

hammer, 1960, vol. 1, pp. 181-334; aquí, p. 242. [Hay trad. cast.: *Enrique de Ofterdingen*, Madrid, Cátedra, 1992, trad. de Eustaquio Barjau.]

10 E. T. A. Hoffmann, *Die Automate*, *Die Serapions-Brüder*, *Ausgewählte Schriften*, vol. 1, Berlín, G. Reimer, 1827, pp. 91-127; aquí, p. 94. [Hay trad. cast.: *Los autómatas*, Palma de Mallorca, Olañeta, 2010, trad. de Carmen Bravo-Villasante.]

11 *Cfr.* G. Agamben, *Profanierungen*..., p. 47 y ss. [*Ibid.*, pp. 23-28.]

12 Gilles Deleuze y Félix Guattari, *Tausend Plateaus*, Berlín, Merve, 1993, p. 568 y s. [Traducción extraída de: *Mil mesetas. Capitalismo y esquizofrenia*, Valencia, Pre-Textos, 2002, p. 412, trad. de José Vazquez Pérez con la colaboración de Umbelina Larraceleta.]

13 *Ibid.*, p. 569. [*Ibid.*, p. 412.]

14 Jane Bennett, *Lebhafte Materie. Eine politische Ökologie der Dinge*, Berlín, Matthes & Seitz, 2020, p. 10.

«Para viajar lejos no hay mejor nave que un libro».

EMILY DICKINSON

Gracias por tu lectura de este libro.

En **penguinlibros.club** encontrarás las mejores recomendaciones de lectura.

Únete a nuestra comunidad y viaja con nosotros.

penguinlibros.club

penguinlibros

Este libro
se terminó de imprimir en
Fuenlabrada, Madrid,
en el mes de noviembre de 2024